边游戏，边成长
科学管理，让电子游戏为孩子助力

G—A—M—E
THE CATALYST OF GROWTH

1 游戏是童年的刚需
- 为什么孩子们要一起玩游戏？（P3-5）
- 游戏还是"电子海洛因"吗？（P20-22）
- 家长该用什么态度面对游戏？（P25-32）
- 孩子究竟在玩什么？电子游戏到底哪里好玩？（P94-106）

2 游戏的红利
- 游戏能不能"益智"？（P38-40）
- 玩游戏让孩子放松了，还是紧张了？（P40-42）
- 跟别人一起玩游戏，会学好还是学坏？（P43-50）
- 游戏到底能不能"寓教于乐"？（P50-56）

3 游戏管理
- 为什么我要跟孩子一起玩游戏？（P61-63）
  - 亲子共游如何培养规则意识？（P70-72）
  - 怎样用游戏与孩子积极交互，培养亲子关系？（P72-74）
  - 如何通过共游让孩子沟通与表达？（P77-80）
  - 跟孩子一起玩时，家长该扮演什么角色？（P121-123）
- 怎么帮孩子选好游戏？（P109-114）
- 怎么科学地管理孩子的游戏时间？（P129-130）
  - 到底玩多久才算久？（P181-183）
  - 能不能用游戏时长来奖惩？（P128-129）
- 什么时候我该出手管孩子玩游戏？（P178-189）
  - 怎样才算"上瘾"了？（P163-169）
  - 怎么给孩子玩游戏"定规矩"？（P132-133）
- 怎么才能不让孩子在网游里跟别人学坏？（P189-200）
- 孩子满脑子游戏，怎么办？（P200-213）
- 管孩子玩游戏没效果，怎么办？（P171-178）

4 矛盾处理
- 为什么我一管孩子玩游戏就吵架？（P8-11）
- 孩子玩游戏爱较劲，还总跟家长起争执，怎么办？（P140-147）
- 孩子太贪玩，完全管不住自己，怎么办？（P147-156）
- 孩子别的啥都不喜欢，就闷头玩游戏，怎么办？（P156-162）

边游戏,边成长

科学管理,让电子游戏为孩子助力

叶壮 — 著

G—A—M—E
THE CATALYST OF GROWTH

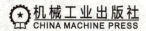

图书在版编目（CIP）数据

边游戏，边成长：科学管理，让电子游戏为孩子助力 / 叶壮著 . —北京：机械工业出版社，2020.6（2024.1 重印）

ISBN 978-7-111-65705-7

I. 边⋯　II. 叶⋯　III. 电子游戏 - 影响 - 青少年教育 - 家庭教育 - 研究　IV. G782

中国版本图书馆 CIP 数据核字（2020）第 089450 号

边游戏，边成长
科学管理，让电子游戏为孩子助力

出版发行：机械工业出版社（北京市西城区百万庄大街 22 号　邮政编码：100037）	
责任编辑：向睿洋	责任校对：李秋荣
印　　刷：北京虎彩文化传播有限公司	版　次：2024 年 1 月第 1 版第 2 次印刷
开　　本：170mm×230mm　1/16	印　张：15
书　　号：ISBN 978-7-111-65705-7	定　价：59.00 元

客服电话：（010）88361066　68326294

版权所有·侵权必究
封底无防伪标均为盗版

前言

2018年11月,知乎上有人邀请我回答一个问题:"为什么有些人不喜欢自己的孩子打游戏?"

在这个问题下面,我讲了自己从小到大玩游戏的经历体悟,以及带着我家大儿子一起玩游戏的种种体验。我的回答与其他回答最大的不同之处是取向比较积极:孩子玩得开心,亲子相处愉快,孩子通过玩游戏也能学到不少东西,何乐而不为呢?

这篇回答收获了330万阅读量,将近3万"赞同",以及1600条评论。我没想到,这样一篇接近日常记录的回答,论专业性其实没多强,竟然刷新了我在知乎上9年来所有回答的记录。

对我来说,这就像在游戏里无意间发现了一个宝箱,竟拿到了远超预期的好武器,那总要装备上试一试。好在回答的评论里,就有我需要攻克的下一个关卡的模样。

评论里有认可,也有质疑,但最多的是"新青年"们的追忆:"我爸妈要是当年能这样,那就好了。"这带有一点点酸楚和惋惜的话语,让我仿佛看到了那些听着"别人家的孩子如何如何"长大的年轻人，开始有了"别人家的爸妈如何如何"的感觉。更重要的是，这些想法凸显出一个非常值得深入思考的主题：因为电子游戏而产生的代际冲突。

在这一冲突下长大的第一代人已经成年，即将或者已经为人父母，那么在新家庭里，电子游戏会不会仍是亲子冲突的战场呢？新家长们会不会改旗易帜，去强行压制自己童年时所属的阵营呢？这一代的孩子们所面对的"电子游戏战争"，与父辈又会有哪些不同呢？就算不考虑两三代人之间的纠葛，光考虑每个家庭的现实，为什么很多家长就是不愿意让孩子玩游戏呢？为什么孩子一玩游戏就停不下来呢？游戏真的会把孩子教坏吗？通过游戏"寓教于乐"到底有没有可能性？如果家长认可"适度放松"，那么到底该如何把握这个"度"呢？

为了回答这些问题，我开始复盘自己的成长经历、我接触过的大量家庭，以及我带孩子玩游戏的体验，但越仔细想，疑问越多。电子游戏对童年与家庭的影响竟然是一个如此复杂的问题。扪心自问，我一开始带着孩子玩游戏的时候，很有下意识而为的意味，其实并没有想这么多。

多年的科学训练，已经给了我这样的习惯：碰见问题，先找找有没有结合研究与实践的论断。

一开始，我是悲观的。因为从经验上，心理学、教育学、社会学等学科，似乎并没有为电子游戏"站台"的传统。在很多情况下，电子游戏这个话题一出现，就已经带有需要被解决的问题的意味了，颇有"老鼠过街，人人喊打"的意思。想在这样的氛围下客观分析电子游戏的利弊实在不容易。

让我非常意外的是，其实已经有了很多具有说服力的学术成果，能够证明电子游戏本身可以给孩子的成长带来更多红利。一些心理学家发现电子游戏可以帮助孩子更好地投入同龄人社交，一些认知神经科学家发现游戏能够提高玩家的注意力表现水平，甚至一些教育学家已经开始在小学教育中采用游戏来作为重要的教具和课程载体。从这些研究中，我们不难得出这样的结论："边游戏，边成长"有着巨大的可能性。

不仅如此，学界对于游戏的另一个研究结论是：它已经变得不可或缺，避无可避了。即使你认为游戏给童年带来的红利不足挂齿，完全可以舍去，换成别的东西照样能让孩子更加优秀，你也很难把孩子放在一个隔离了电子游戏所有影响的养育环境中。归根结底一句话：电子游戏是一个必然会对当下孩子的童年产生影响的事物。

那么，如何调节影响？可以允许多大的影响？什么样的管理手段能让电子游戏利大于弊？这些问题都不得不现在就摆上台面，因为这是每个家长都要思考的问题。因为孩子不能置身事外，所以我们必须躬身入局。

我写这本书正是为了解决这些问题，帮助家长更好地了解学界对电子游戏的研究，也更明确在日常生活中应该如何管理孩子使用电子产品，并且成为孩子自我约束的"好队友"。

学术研究总要经过一个介质，才能有效地照进生活。这次，这本书与你，将共同扮演这个角色。

首先，你是过滤器。学术上的积极态度，并不意味着广大家庭要对所有电子游戏大开绿灯。恰恰相反，由于游戏产业越来越复杂，当今孩子的童年经历也越来越多元化，作为家长，已经越来越不能简单粗暴地应对孩子生活中的电子游戏了。如果采用"闭关锁国"的策略，孩子就会损失大量与同龄人交流的话题，并且缺少一个适应并练习投入新技术生活的平台，变成一座孤岛；如果彻底放开，孩子则会被动而无力地面对风险巨大的未知领域，所接触到的游戏和其他玩家也将得不到筛选与甄别，这样他们就很可能在产生足够强的免疫力之前便已沉沦。在帮助孩子甄选优质内容、规避潜在风险方面，家长应该起到过滤的作用。我知道，很多家长并不了解现在的游戏，但是没关系，我在书中会帮你解决与此相关的一系列问题。

其次，你是管理咨询公司。我们的父辈在管理孩子玩游戏时，往往扮演一个强有力的、不容反驳的管理者的角色。但是今天，扮演这样的角色多半效果不佳。一方面，家长对于自己要管理的东西并不一定比孩子更了解；另一方面，孩子并不是靠被动约束就能管理好的。此外，很重要的一点是替孩子管理永远是下策，帮助孩子学会自我管理，将电子游戏当作一个练兵场，才是更可行的方案。本书并不会传授什么"一管就灵"的管理法则，教你做一个让孩子闻风丧胆的"暴君"，只会更多地探讨如何才能帮助孩子学会自律，管理好他自己的生活，教你成为孩子的"智库"，而非他的"老板"。

最后，你完全可以是孩子的玩伴。在孩子玩游戏的时候，谁对他的影响力最大？其实就是玩伴。如果你和孩子一起玩，那么你说停就可以停，因为少一个人就玩不下去；但如果孩子和别人一起玩，你管着，那你说停可就不一定能停下来，因为孩子不仅自己想玩，还要兼顾玩伴的感受，当然不会优先听你的。我在书中提出，"亲子共游"是一种非常重要的游戏管理解决方案，而你会非常全面地了解到如何成为孩子最不可或缺的好玩伴，并通过这个身份做好电子游戏的管理工作。

研究成果、家庭现实、解决方案，我希望这本书能够把与电子游戏相关的这三个方面内容呈现出来，让你在看到孩子面对电子屏幕时不再焦虑，也能让孩子玩得开心，快乐成长。

目 录

前言

第 1 章
游戏：下一代人的交流平台 /1

电子游戏的真实存在 /1
游戏问题的本质甚至无关游戏 /7

第 2 章
游戏也许并不是你想的那样 /17

遭遇质疑是每一个新兴媒介的宿命 /17
新技术恐慌 /22
面对电子游戏：技术的驯化 /25

第 3 章
边游戏，边成长 /35

用游戏促进成长不是伪命题 /35
大脑的跑步机 /38
情绪调味品 /40
一个更包容的社交平台 /43
创造力：是否有可能通过游戏去学习 /50

第 4 章
改变从了解开始 / 61

游戏管理，家长要做什么 / 61
孩子到底在玩什么 / 64
规则的集合 / 67
没有交互，管理无从谈起 / 72
表达：这才是我 / 77

第 5 章
如何帮孩子选一款好游戏 / 89

让孩子玩他喜欢的好游戏 / 89
游戏其实有很多种 / 94
为什么不能让孩子"想玩啥就玩啥" / 107
挑选好游戏的原则 / 109

第 6 章
让肩并肩代替面对面 / 119

亲子共游 / 119
不要让游戏超越游戏本身 / 128

第 7 章
当矛盾发生时 / 137

教育能否化解对抗 / 137
大圣，请收了神通吧 / 140
猴哥，咱把行李分了吧 / 147
大师兄，师父让妖怪抓走了 / 156
成瘾标签 / 162

第 8 章
替他管理还是帮他管理 / *171*

为什么管理会失败　/ *171*
出手管理　/ *178*
孩子玩网游，担心他学坏　/ *189*
管理游戏不等于管理时间　/ *200*

致谢　/ *217*

写在最后　/ *219*

参考文献　/ *224*

第 1 章

游戏：下一代人的交流平台

电子游戏的真实存在

"你会玩游戏吗？"

2019年年底，我作为点评嘉宾参加了一档由某省卫视录制的综艺节目。

来自武汉的特教老师李溶溶，带着六个听障孩子走上了舞台。这些孩子都患有先天性失聪，但是李老师用尽心血，帮他们一步步学会了说话与表达。其中最优秀的孩子，甚至可以在人工耳蜗的帮助下与常人进行日常沟通。在场的所有人无不为之动容，我看到节目导演组里好几个人都在抹眼泪。

李溶溶老师接受主持人访谈的时候，有几个小朋友跑到我这边的专家席来。其中一个十岁的小男孩，皮肤黝黑，牙齿雪白，看着我一直笑。我也看着他笑。笑，是人表达交流意愿和彼此认可的表情。

碍于当时的情况，我指了指挂在自己头上的录音设备，大概意思就是：我现在不方便说话，会被录进去。他也会意，便一手抓过我摊开在桌子上的笔记本，拿出一支笔，写下了这样一句话："你会玩游戏吗？"

我把问题写在纸上："什么游戏？"

他写道："手机上的《王者荣耀》。"

我万万没想到，一个听障孩子和我这样一个萍水相逢的成年人在一个综艺节目的舞台上交流的第一句话，不是问名字，不是问年龄，不是问"你在哪儿上班"或者"你在哪儿上学"，而是问我有没有玩过一款手机上的多人竞技网络游戏。

仔细一想，倒也正常。情理之中，意料之外。

首先，对于现在出生在信息革命浪潮之中的孩子来说，电子产品已经成为日常生活中挥之不去的工具。其次，作为一个患有听障的孩子，他可能的确不方便参与有合作或者竞技属性的体育活动，却依然能够比较低成本地参与到一个具有同样属性的电子竞技活动中来。最后，在他的同龄人中，尤其是男生之间，关于电子游戏的讨论是一个非常重要的群体话语内容，与一个第一次见面的人先聊聊是否有同好的游戏，彼此擅长哪个角色，在战场上比较青睐哪个位置，实在是再自然不过的一件事了。

不过很可惜，我并不是一个《王者荣耀》的玩家。但是，这不妨碍我继续和他交流下去，我飞快地在纸上写下："我不玩，但是我认识制作《王者荣耀》的天美工作室的策划总监，你要和他认识一下吗？"

作为一个玩家，孩子当然对有机会接触自己心爱的游戏的缔造者之一非常兴奋。我拿出手机，给我们两个人拍了张自拍，发给天美工作室的策划总监张伟，跟他说了大概的情况，还给他留了一句话：游戏已经是一种交流的底色。他回复我，也回复那个孩子："我辈任重道远。"

家长没有注意到的事实

不论你是否接受，这种趋势都日益清晰：电子游戏，已经成为下一代人的交流平台。

2015年，皮尤研究中心发布报告，题为《青少年、技术与友谊：电子游戏、社交媒体和手机在青少年的友情交互中扮演了关键角色》。报告中揭示了一组数据：所有的青少年中，有57%的孩子曾完全依靠线上交流交过新朋友；有52%的孩子会和朋友一起玩电子游戏，且有13%的孩子每天都会这么做。

游戏对男孩的社交来说更是刚需，有84%的男孩会玩电子游戏。而且报告中讲道："对男孩来说，玩电子游戏已经不是一个可选项，而是一个必选项。"这些玩电子游戏的男孩子们，83%有线下一起玩的伙伴，75%有线上一起玩的网友。此外，不管玩不玩电子游戏，在所有男孩中，有38%的孩子在和朋友交流的时候，首选的三个话题之一就是电子游戏；78%的孩子表示，和同伴一起玩电子游戏，是最能让他们增进感情的方式。

要知道，这可是2015年的报告，在已经过了这么多年的今天，电子游戏在孩子们的社交中扮演着越来越重要的角色。

新兴的娱乐方式

在我小时候,回老家过年,见到的是一台台满负荷运转的麻将桌,谁累了谁下,总会有七大姑八大姨补上去。人可以下桌,牌局不能停。

但是现在回家过年,你会发现,比较年轻的那两代人从不执着于打麻将,而会更多地用手机"开黑"⊖。

娱乐软件协会(ESA)是电子游戏产业非常重要的一家行业机构,知名的电子游戏定级系统 ESRB 就由它管理。ESRB 主要通过分析游戏里的具体内容,来匹配适用人群,帮助低龄的孩子不至于受到游戏里潜在的不良因素的影响。ESA 在 2020 年发布的最新行业报告中称:60% 的电子游戏玩家用手机玩游戏,52% 的玩家用个人电脑玩游戏,而 49% 的玩家会使用像 Xbox 和 PS4 这样的游戏主机玩游戏。

像电脑和游戏主机这样的电子产品越来越普及,而非常便携、几乎人人都有的手机也让所有人都可以低成本地抓紧时间"来一把"。

与此同时,从我们身边的情况也不难看出,"一起玩游戏"已经成了一种社交常态。电子游戏,在年轻人的社交与生活中,已经有了极强的"渗透度"。而这种渗透度,总会影响你下意识的行为。

不同人群会选择不同的消遣话题与娱乐手段。对于年龄大一点的人来说,可能是甲A,可能是麻将,可能是房子、车子、孩子,但是对于另外相当一部分人来说,就是游戏。

⊖ "开黑"指一群人一起玩同一游戏,并语音或面对面交流。

我的一个侄女前两天对我说，她最近参加了一次同学聚会，选了个KTV去唱歌，结果歌没唱几首，大家都放下了麦克风，瘫在沙发上开始联机玩手游。"反正也没唱，你说我们为啥还要出个包厢费？天桥底下玩游戏不也是玩游戏吗？这钱花冤枉了！"她这样向我吐槽。

但我所看到的，是一种被年轻人默契认同的交流模式和社交形态。从功能上来说，电子游戏开始取代KTV这种老旧的交流场景，但是又没有完全取代，所以才会出现这种充满"魔幻现实主义"色彩的情景：一群人在KTV的灯球照耀下，瘫在沙发上一起打游戏。

这是一种趋势。就像一场拔河比赛，在绳子一端，是日新月异、快速迭代的电子游戏，在绳子另一端，是KTV包厢，是麻将桌，是某些酒局。

在我看来，虽然终场哨声还没响起，但这场拔河比赛胜负已分。这是由技术进步带来的碾压式胜利。

就像我家孩子手里的乐高积木，已经替代了我小时候手里的铁皮青蛙，而我小时候手里的铁皮青蛙，替代的是我爸妈小时候手里的"羊拐"——这玩意儿在新疆叫"阿斯克"，在东北叫"嘎拉哈"，在河北叫"骨头子儿"，是羊的膝盖骨，经典的玩法是拿好几个出来做抛接组合。

想要改变这种由技术带动的趋势，基本上是徒劳的。趋势有可能被下一个趋势取代，但是很难完全回滚到上一个趋势。比如我很难想象我的孩子会像玩乐高一样玩"羊拐"，以及让以电子游戏作为社交平台的年轻人重新回归到父辈甚至祖辈的社交模式中去。

说一千道一万，从麻将到电子游戏，不同的娱乐工具，都承担了同一个跨越时代的作用，那就是扮演一种具有足够公共影响力的交流平台的角色。

分歧的起点

就像孩子不能回归父辈或祖辈的社交模式一样，习惯了打麻将的一代人，往往并不能很好地理解当下这代年轻人爱玩电子游戏的事实。

不同的人群有不同的交流平台，这很正常，但这里有一个匪夷所思的效应，那就是人们往往会给予别人的交流平台负面评价。这便是分歧的起点。

比如，我们一家吃饭时，我爸会斟上二两白酒，我会开一罐精酿啤酒，而我大儿子则会吵着要喝可乐。我爸会训诫孙子：可乐对身体不好！但是他全然不顾白酒其实也对身体不好。当然，我也不好意思说他做得不对，因为我手里的啤酒其实也会给健康带来风险。

我爸之所以批评孙子喝可乐，并不是因为白酒比可乐好，而是因为他本人喜欢白酒甚于喜欢可乐，了解白酒更甚于了解可乐。

我们三代人各自都有爱喝的饮料，这些饮料有两个共同特点：对我们各自所在的人群有足够的渗透度，以及都存在"不健康"的问题。任何一个事物，只要在特定人群中有了足够的渗透度，自然就会成为其行为上下意识的首选，甚至成为讨论与交流的平台。可是，不同的人群认可的东西不一样，就会导致出现一叶障目的情况，让人无法更好地去理解他人与别的事物。

很多人打开这本书看到这里，肯定会下意识地产生这样的想法："所以我才担心啊！电子游戏产生了这么大的影响，而它本身又不是什么好东西！我的孩子会被这玩意儿带坏的——他靠电子游戏和别人打交道，那就不会真正和人去交流、说话了啊！"

你也许这样想，但你的孩子却往往并不是这么认为的。在电子游戏上，亲子之间因为共识的缺乏，滋生出了大量本来可以避免的矛盾。

游戏问题的本质甚至无关游戏

亲子交流的陷阱

有个朋友找我诉过这样的苦："如果我家儿子能把打游戏的时间用在学习上，那得学得多好啊！打游戏纯属浪费时间！"

我没劝他，也没宽慰他，只是给他讲了个笑话。

有个好心人劝朋友戒烟："你看你，烟龄十五六年了，算下来，你把一辆奔驰都抽没了！戒烟吧！"结果人家反问："你抽烟吗？"他回答："不抽呀。""那你的奔驰呢？"

抽烟当然不好，但是这个笑话很明确地指出一个人们容易忽视的道理：你不能想当然地认为，让孩子不再在玩游戏上"浪费时间"，就必然会转化成高效精进，学有所成。

即使在没有电子游戏的时代，也总有一些东西看上去侵扰了孩子的正常发展——歌舞厅、台球桌、网吧，在不同的社会阶段，都扮演过类似的角色。这些在外界看来产生负面影响的东西不断更替，但是让家长操碎了心的孩子始终没见少，为什么？

因为本质上的问题根本就不在游戏、台球、蹦迪这些"坏东西"上，而是在教育模式、亲子关系、家庭氛围中。找错了症结所在，是大量烦恼的家长在尝试解决问题时迈错的第一步。在问错了问题的情况下，再好的答案，也解决不了孩子的问题。

当孩子出现了这样或者那样的问题时，第一时间"甩锅"给某个外界抨击的东西，这是为人父母者最常见的懒政行为之一。

游戏管理从何而起

不问青红皂白，就笃定"只要让孩子不打电子游戏，就能越来越好"，这是家长对于游戏管理的一厢情愿，也是对于游戏管理过度简化的解读。即使我现在已经三十多岁，也仍时常面对类似的困境。有的时候我玩游戏被我爸看到，他还会说："你都多大了，还玩游戏呢？"这种心态凸显了家长对于游戏的认知：孩子童年时玩游戏，是浪费时间；孩子成年了玩游戏，是不务正业。

真正的游戏管理其实要复杂得多。因为人与人的沟通，本身就是个系统化的工程，它涉及态度、价值观、认可度、交流意愿等。

我们不妨先把电子游戏抛开，看看今天的家长是如何与他们的孩子互动的。如果你已经为人父母，请你稍微回想一下，你上一次和孩子就某个事物交换看法、有所交流是什么时候？你们谈了什么？

也许是今天早上开车送孩子去上学，你们在路上聊了聊关于不能总在学校丢文具的事情；也许是昨晚，你的伴侣向你埋怨孩子在学校上课注意力不集中，老师又提点了一下，所以你加班回来后，嘱咐孩子上课要认真点；也许是上个周末，你辅导孩子写周记作文，发现他频繁地写错某个字，而在你教育他的时候，你们甚至还出现了一点小摩擦；还可能是上个月，孩子想让你给他买一双最新款的运动鞋，而你完全不能理解一双普通的板鞋凭什么能卖到近两千块，所以拒绝了他，还对他讲要勤俭节约，以及你自己小时候穿的鞋就很便宜……

不难发现，这些交流都带着点自上而下的管理、教养甚至恨铁不成钢的意味。家长觉得不说不行，孩子却八成不太爱听。

更残酷的是，这种交流其实占据了普通家庭中亲子交流的大多数。

接下来，请你再回想一下（因为有难度，所以这次可能会有点费劲），上一次你和孩子眉飞色舞地交流，或者深入地交流观点，产生有思想共鸣的碰撞，又是什么时候？

也许是上次一起看篮球赛，你们交流了某个队伍的当家球星最近一段时间的表现；也许是她吐槽班里某个同学的"奇葩"行为，而你也和她讲了讲一个很难相处的同事；也许是儿子的妈妈因为某件事情生气了，而你们父子二人非常默契地交流了一下："哎呀！女人真是难懂呢。"……

对我而言，上一次类似这样的交流，是我家五岁多的大儿子某天晚上睡觉前和我聊起"原子弹是一种非常厉害的武器"。因为这个年龄段的男孩开始对枪炮很感兴趣，也因为"军事"成了他们同龄人之中交流的重要话题，所以他最近经常和我聊这个话题。他告诉我，幼儿园里的男同学今天因为一件事争执了很久——如果原子弹在奥特曼的手心里爆炸了，奥特曼会不会受伤。小朋友们分成了截然不同的两派：一派认为原子弹对奥特曼来说，连个"摔炮"都算不上；还有一派认为奥特曼再骁勇，也是一具肉身，怎么敌得过原子弹？

儿子问我原子弹到底能有多厉害，我对他说：曾经有两枚原子弹真正在战争中使用过，是美军在日本的广岛和长崎投下的，它们甚至还有名字，分别叫"小男孩"和"胖子"。

儿子来了兴致："爸爸，这个胖子比你还胖吗？"

我则继续对他说，这两枚原子弹大概造成了什么样的后果，以及战争有多么残酷。

聊着聊着，我们爷儿俩决定明年去一趟长崎的原子弹爆炸资料馆，倒不是为了掂量原子弹的威力，而是为了通过了解战争的残酷，更好地珍惜当下的和平。

这段对话，是我在面对上面那个问题时第一个想到的场景。这样的交流即使发生在亲子之间，其实也很平等，有交互、有共识、有产出，它是一次有价值又不至于弄得不欢而散的对话。

还有一种场景，我也希望你稍稍回想一下。

有没有那种孩子带着满满的倾诉欲来找你聊某件事，而你却让他体会到热脸贴冷屁股的感觉的场景？你要么嘻嘻哈哈一笑带过，要么点点头而已，反正没听进去。甚至我还见过有的家长对孩子做出了"轰苍蝇"的手势——一边儿玩去！

可能是因为孩子谈的话题幼稚，也可能是因为孩子聊的内容我们已经知道，还可能是因为孩子总是重复对我们说一件事，弄得我们有些不耐烦，所以才会出现这样的情况。当孩子试图影响我们的时候，我们"拒绝"了他们，不是明面上的对抗，而是那种你说你的，我就听着，不交流，更不支持的感觉——就像在我们让他们好好写作业、不要在学校丢三落四、别驼背的时候，他们对我们做的一样。实话实说，在很多家庭中，这种情况并不少见。

对不同的事物，家长与孩子往往有着不一样的交流意愿。如果两代人在某件事上的交流意愿是一致的,同时还达成了难能可贵的共识,那么彼此之间肯定会产生互相促进的影响,优质的交流与关系自然就产生了。

如果交流意愿不一致,家长试图给孩子施加影响而孩子拒绝,情况就会变成孩子闷头听着家长无聊的说教;孩子试图给家长施加影响,而家长下意识地觉得孩子讲的东西没什么值得关注与深入讨论的地方,那么想要有高效的亲子交流,同样无异于纸上谈兵。

更可怕的是亲子双方互相"佛系"相处,甚至没有影响彼此的意愿,更不用说对共识的体验了。

在同一个频道上沟通

我们与孩子的交流,其实不管聊什么,都必然会落在一个平面直角坐标系中。这个坐标系的两轴,分别是孩子的交流意愿和父母的交流意愿(见图1-1)。这两个轴,将孩子与父母的交互,区分成了四个区间。

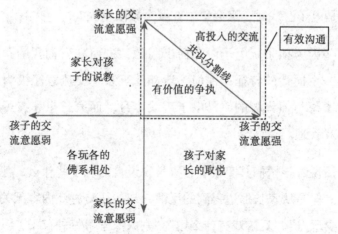

图1-1 家长与孩子交流的模式

家长对孩子的说教是家长想说而孩子不想听，而孩子对家长"热脸贴冷屁股"则是孩子想讲而家长不乐意陪着。如果双方都不怎么有交流意愿，自然就变成了都不说话，看似和平，但实际上有点"丧"的家庭状态。

最好的状态，当属家长和孩子的交流意愿都强烈，在这个区间的交流都属于"有效沟通"。但是请注意，有效沟通不等于有趣沟通，发生在这一区间的交流体验如何，主要取决于亲子双方对于讨论内容的共识度高不高。

比如你和你的爱人抢遥控器，一个想看足球，另一个想看综艺，这时候你们的交流意愿都很强烈，但是无法取得共识，就会进入"有价值的争执"，最终决定再买个电视装在卧室里，这样两个人分开看，大家都开心。

再比如我之前提到的我与大儿子之间的"卧谈会"，我们双方的共识度很高，交流意愿也很强烈，自然就出现了高投入的交流状态。

在你和孩子的交流中，你们的谈话主要集中在哪个象限呢？当你们谈话的主题是电子游戏时，又会集中在哪个象限里呢？

在那些因为孩子玩电子游戏而出问题，进而来咨询我的家庭里，我发现这样一个同性的特征：他们一般都处于亲子交流意愿极为不对等的状态。孩子想与他人聊的，是电子游戏本身，而家长想和孩子聊的，只是电子游戏管理。

换句话说，孩子们其实很想和家长说说自己玩了些什么，甚至想和家长一起玩。但是从家长那边得到的反馈，却往往与游戏内容无关，而更多的是"你少玩点""玩游戏有什么用""别人家学习好的孩子，没有像你这样成天打游戏的"。

双方都在自说自话。孩子和你聊游戏的时候，根本没有获得预期的反馈，长此以往，他当然不愿意和你聊了。你管孩子玩游戏的时候，孩子也根本不接话茬，管理自然也就无从谈起。有一位母亲带着她15岁的孩子来找我，她觉得儿子有"网瘾"。我和这个男生聊了聊，谈了谈他玩过的游戏，以及他对于这些游戏的观点和看法。在聊了几个我们都比较喜欢的游戏之后，我又问了问他对于学习和生活的想法，以及对自己未来发展的期待。

这是一个非常聪明、有见地的孩子，不管是聊起自己钟情的游戏，还是自己的生活，都是眉飞色舞，也不乏很深刻的观点。他甚至会拿某个经典的游戏角色和自己身边的某个同学做类比，这样我们两个就能同时明白他到底指的是那些同学身上具有怎样的特点。

然而他的母亲全程都带着一种蔑视的目光，侧视着自己侃侃而谈的孩子——就算没接受过心理学的专门训练，你也能从她的表情中看出来，那是一种好像看见了蟑螂一样的深深的厌恶感。

她应该不厌恶自己的孩子，不然就不会很重视这件事，带着孩子来见我。她厌恶的是谈论电子游戏时的孩子，打心眼里，她敌视游戏本身。当游戏和她的孩子产生了交集，她会认为这是孩子染上了一种疾病，就像需要切割掉恶性肿瘤一样，要让游戏和自己的孩子保持距离。

但是电子游戏和恶性肿瘤，差距可太大了——我会在本书稍后的部分，严肃认真地讨论这个议题。

所以，家长在试图解决孩子身上所谓的游戏问题时，往往拒绝讨论游戏本身，而是一个劲儿地问我："我怎么才能让他不玩游戏？"或者"需要我出多少钱、出多少力，你就能够让我家孩子不再玩游戏？"

这些问题，都不是与游戏有关的问题，而是与游戏管理有关的问题。

所以说，我所见到的来求助的家庭，在本质上全都面临着同一种困境：剃头挑子一头热。要么是只热衷于游戏管理的家长搞不定喜欢游戏的孩子，要么是想和家长谈游戏的孩子得不到家长的丝毫认可。

我从没见到过一个家长，和孩子有同样强的讨论游戏的意愿，同时还需要我的帮助。的确，我很难想象有一个家长找到我，对我说："老师，我觉得赛车游戏好玩，但是我家孩子就是喜欢玩建造游戏，我觉得他有问题！你能不能和他聊聊？"

如果我们真的想要好好和孩子就游戏这个问题达成有效沟通，就必须保证大家所讨论的东西都集中在一个频道上：该聊游戏本身的时候我们就聊游戏，该谈游戏管理的时候我们就谈管理。

不再各说各话，停止彼此对牛弹琴，让交流意愿与交流主题趋于统一，是亲子就游戏话题进行沟通的第一步。

然而，孩子和家长对于电子游戏的态度，有着高度的不一致。在电子游戏这个话题上，亲子之间的分歧，要远远多于共识。

作为一个家长，可能觉得这是句废话：电子游戏对孩子而言，就相当于酒精、香烟、色情读物和毒品，要严加管控和防范，一不留神，孩子就落入了万劫不复的境地。在对电子游戏的认识上要取得共识，难道不是推波助澜地把孩子往万丈深渊里面推吗？

所以，"游戏有害"成为很多家长的一条态度底线。向邪恶的东西妥协，是在养育中绝不能容忍的行为。于是，不少家长在孩子的电子游戏管理上，追求的目标非常单纯：孩子尽量别玩，或者玩得越少越好，而家长为此付出的努力、管理成本与情绪成本，同样也是越少越好。

在我看来，这类观点是对孩子进行游戏管理时，家长身边最不容忽视的"猪队友"。带着这样的指导思想去进行电子游戏管理，非常容易走上南辕北辙的道路。因为这种认识，从根本上就是错误的。要知道，对于电子游戏，很多家长所坚持的负面观点，并没有科学证据支持。

答│疑│时│间

"我也想和孩子有高投入的交流，但我的孩子不愿意和我沟通，怎么办？"

的确，很多家长在和我谈到"亲子交流的平面直角坐标系"时，都会一拍大腿，不无惋惜地说："哎呀！我们家就没有高质量的交流！"

如果一开始亲子交流就走上正轨，当然是最好的。但如果一开始就脱了轨，孩子对家长变得爱搭不理的，家长就没招了。

这时的大忌，是故作真诚地专门到孩子面前，对孩子说："爸爸妈妈今天想和你好好聊聊，咱们俩说点知心话。"虽然很多所谓亲子专家推荐家长们这么做，但在实际生活中，这招在绝大多数情况下非但不会让孩子积极主动地沟通，反而会让他们立刻警觉起来。因为事出不意必有妖，无事不登三宝殿，孩子想："平时唠叨我、批评我，突然来这么一手，是什么意思？"

我的建议是，第一，你需要找一个并不那么刻意、专门的机会，比如接他放学回家的路上、一起泡温泉的桑拿房里、晚餐的时候，既能聊一聊，又不至于显得太刻意。

第二，我更建议你真的去和孩子交流，而不是换一种相对柔软的方式，在沟通中逼迫孩子就范。很多家长在这种沟通中，其实就是换了一张和善的面孔，但仍是在把自己的态度和要求强加给孩子，孩子怎么想并不重要，家长心里其实已经有了一个不容更改的方向。这种沟通的本质依然只是单方面的宣贯。

第三，我建议你甚至可以耐心地等一等，而不是专门去营造与寻找沟通的机会。大家都在一个屋檐下，低头不见抬头见，沟通的场合总是会发现的，当一切自然而然地发生时，双方也就会更加舒服地去沟通。

第 2 章

游戏也许并不是你想的那样

遭遇质疑是每一个新兴媒介的宿命

我支持严格管理孩子使用电子产品——这本书的大部分篇幅,都在讨论这件事,但是我不支持暴力镇压孩子使用电子产品。

就像暴君总会给自己残暴的统治冠以一个非常冠冕堂皇的理由,比如他管理的人很无知、他牺牲了自己才换回了管理对象的幸福、他认为被管理的人依靠自己就不能做出正确的决定,家长也会为针对孩子的强迫式管理给出一些不容辩驳的理由。这些都不能构成不分析、不沟通、不依靠科学指导就去强迫一个孩子不碰游戏的理由。

这么多年来,不顾及电子游戏的形式、内容、时长,很多家庭都在一刀切地对孩子进行电子游戏管理,而在这方面最主要的说辞之一,就是:只要是电子游戏,就会让孩子变坏。可这种很多人想当然的认知,究竟是从哪里来的呢？

原因有三：时代特点、中国电子游戏产业初级阶段的混乱现实，以及对新技术的恐慌。

"昨日的香草"与"电子海洛因"

在中国，因为世纪之交时期各路媒体的推波助澜，有一个非常有趣的将电子游戏污名化的现象，叫作"电子游戏毒品化"。

这的确很有说服力，因为当时的电子游戏在和孩子产生交集的过程中，真的很像毒品：它非常容易让孩子喜欢上；如果不让一个喜欢游戏的孩子玩，孩子会很难过。还有一点非常重要：在个人电脑没有普及的时代，想接触电子游戏，往往就需要去游戏厅、黑网吧、老虎机房等缺少监管的公共场所，而这些地方又总是乌烟瘴气，挤满了不良少年。

2000 年，某报纸的一篇文章可谓重拳出击，把当时的行业乱象摆上了台面。这篇揭露武汉地区电脑游戏泛滥的调查报道《电脑游戏，瞄准孩子的"电子海洛因"》一石激起千层浪，引爆了舆论。记者在暗访时发现，游戏室老板往往使出浑身解数，不仅怂恿学生"留驻"游戏室，而且还千方百计地鼓励更多学生尝试游戏。一个黄头发的青年告诉暗访记者："这电脑游戏就是毒品，就是海洛因 4 号，不是我引诱他，孩子一迷上了，自己就会变坏。"游戏室老板也说："整天在游戏室里的孩子只有一个结果，男孩子最后变成抢劫犯、小偷，女孩子最后变成三陪小姐。"

此文一出，武汉市委亲自挂帅，开始扫荡当地的电脑游戏室。武汉大学当时的某教授甚至指出："未成年犯罪是将来新的犯罪增长点。电子游戏机室实际上，说得严重点，是在培养犯罪的后备军。"该教授还建议运用法律手段，"把那些黑心老板重罚、重判一批，甚至要开'杀戒'"。

媒体当时的措辞和舆论对于电子游戏的反应，在我看来其实是可以理解的。毕竟，遭遇这样的挑战，几乎是每一个新兴媒介的必然宿命。在电影《海盗电台》里，我们能够看到摇滚乐曾经面对的质疑；在电影《黄金时代》里，我们能够看到中国新文人曾经经历过的磨砺；在电影《八英里》里，我们能够看到说唱音乐长久以来面对的不被理解。与这些挑战类似，电子游戏在进入中国的初期，也无法规避来自外界的种种怀疑目光。

很多人并不知道，其实电子游戏刚刚进入中国的时候，形象还是很正面的。

1988 年之前，那是一个各个城市、地区的"工人文化宫"还屹立不倒的年代，电子游戏作为一种新兴的文化娱乐活动，出现在首都职工与港澳工人联欢的活动中，出现在中朝两国青年相聚的现场，也出现在首都教师游园晚会的活动中。这时的电子游戏，是青少年青睐的普通玩物。这是属于电子游戏的"香草年代"。

电子游戏越来越流行。但是，在传统媒介的巨大身躯面前，你当小弟可以，一旦你想挑战老大的地位，就必然会遭到压制。于是，从社会学中"大众社会理论"的角度来看，它成为当时中国文娱产业的破局者，一旦流行开来，必然地就对当时正常的社会秩序产生破坏的作用，这有点类似于接种疫苗的当天，身体也会因为免疫系统被激活而有些不舒服。

而在种种阵痛的影响下，媒体与人们开始下意识地进行灾难化的解读：电子游戏是引诱孩子堕落的禁果，游戏厂商与从业者是张牙舞爪的骗子与罪犯，而孩子们只能成为茫然无助的待宰羔羊。游戏靠着暴力、色情和耸人听闻的内容，敲骨吸髓，让青少年与真实世界隔绝，不再学习，停止成长。最终获益的只有无良商家。

因此，游戏必须被严格管制，而青少年必须被妥善保护，能不接触游戏就千万别碰。

游戏报道的变迁

从小就开始玩电子游戏的一代人，今天已经长大，甚至已经和我一样为人父母。ESA 的报告中指出，如今的游戏玩家，平均的"游龄"有 14 年了——你要知道，这个数据统计分析的对象，还包括像我家大儿子这样的 5 岁孩子，而他玩电子游戏才一年的时间，所以，其实有很多游戏玩家的"游龄"甚至都已经接近 30 年了（顺便一提，我第一次玩电子游戏是 7 岁）。当年社会担心的情况并没有出现，归根结底，是因为大家都在进步与发展——游戏在自我净化，玩家素质在提高，而媒体也不再那么"听风就是雨"了。

从"电子游戏"一词刚刚见诸报端到如今，电子游戏得到的纸媒报道，有一个很有趣的发展趋势。

有一个研究，专门检索和分析了《人民日报》第一次刊文讨论电子游戏，一直到 2017 年年底所有涉及电子游戏的文章，发现在 1981—1988 年间，只有两则对电子游戏态度负面的报道（见图 2-1、图 2-2）。

负面报道的集中出现始于 1989 年，并逐年增多，最终在 2000 年达到顶峰。在 1996 年和 2000 年，负面报道的占比都超过了 92%。而从 1989 年到 2001 年，有过 7 年没出现一篇正面报道，只有零星几篇中性的讨论行业变化的报道。这十几年时间，电子游戏的形象经历了一轮"黑暗年代"。

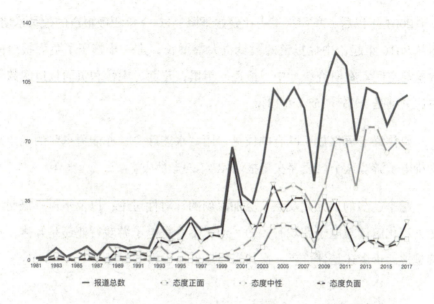

图 2-1　1981～2017 年《人民日报》持不同态度的游戏报道的频次

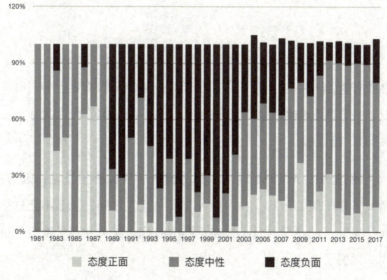

图 2-2　1981～2017 年《人民日报》持不同态度的游戏报道占总数的百分比

资料来源：何威，曹书乐. 从"电子海洛因"到"中国创造"：《人民日报》游戏报道（1981—2017）的话语变迁 [J]. 国际新闻界，2018，283(5):59-83.

2001 年以后，负面报道占比开始下降；2009 年积极报道的数量暴增；而从 2010 年起，中性报道的数量也大幅增长，进一步挤压了负面报道的数量与空间。在研究统计中，最近 5 年里，正面、中性和负面报道的数量占比分别是 12%、75% 和 13%。

媒体终于可以放下既有的成见，用"水能载舟，亦能覆舟"的视角来看待电子游戏这个已经存在于报端 40 年的老朋友。

越来越多的多元化观点、更加深刻的针对性讨论，以及不再一概而论地灾难化解读与电子游戏有关的一切，不管是电子游戏行业还是媒体，不管是被评价者还是评价者，这其实都是更加成熟的表现。

新技术恐慌

游戏的"原罪"

在我爸爸当年扛着大个儿磁带录音机，穿着喇叭裤走上街头时，我爷爷长叹了一口气。作为一名老知识分子，他不能理解年轻人为什么要跟着"靡靡之音"扭屁股。

因为不理解，所以开始讨厌；因为讨厌，所以开始抵触；因为抵触，所以激发了亲子间的矛盾。在一代人与下一代人之间，总是不乏这样因不了解而产生芥蒂的情况，只不过在不同的时代，父母和孩子发生争执的战场不大一样罢了。

每当新的技术产生，在其影响力增长、得到外界认可的层面上，技术能不能传播甚至比技术本身的优劣更重要。

即使同样是游戏，当家长看到孩子在玩《马里奥》或其续作的时候，可能比较能够理解一个大胡子水管工钻管道的乐趣所在，可如果家长看到孩子在玩《堡垒之夜》，却很可能会皱起眉头，就像我爷爷第一次听到邓丽君歌声的时候一样。《堡垒之夜》混杂了角色扮演、射击、团队竞技、建造、创造力等要素，不太能够很好地激发家长产生共鸣。

而没法共情、缺少共鸣，成了很多游戏的"原罪"——这些游戏本身没问题，但是得不到来自拥有主流话语权的人、家庭里的管理者、养育制度的决策者的理解。

家长为什么总是批评孩子挑食呢？为什么没有人批评家长有忌口呢？就是因为家长从来不往家里买自己不喜欢吃的菜。

恐慌与迷失

大人们往往都认为自己有自制力，而害怕新技术带来的变革性力量，会让孩子在成长的过程中迷失。

早在1881年，一位名叫乔治·比尔德（George Beard）的医生就提出了一个理论来解释美国人民为什么压力日益增加。他把罪魁祸首归为新技术：这些新的"便利"让生活节奏变得更快——比如铁路和电报，甚至怀表。比尔德说，怀表"激发了人们探知确切时刻的习惯，以免乘火车或约会迟到"。哪怕是在今天已经落伍到不知上哪儿买的怀表，都曾经因为太新鲜而激发社会的恐慌。

在美国，人们曾经担心过汽车会使青少年与家人产生隔阂；还指控过漫画、电影和电视会导致青少年早熟，甚至变为未成年犯罪者；甚至在19世纪中期，那时的人们还担心当时流行的廉价小说会损害读者的智力发展，并增加他们潜在的反社会行为和犯罪概率。在当下，生化机器人、区块链技术、基因工程其实也都面临着类似的担心与质疑。

就像把电子游戏一竿子打死的道德恐慌一样，这些都是人们在尝试理解一种科技或文化趋势的时候，因为思路频繁碰壁，失去了本来拥有的控制感，所以产生的对于技术以及媒介形式本身的强烈焦虑。这种焦虑往往与道德相关，因为焦虑的发出者们其实也不怎么懂技术，"道德"更接近他们的主场所在。这样一来，游戏自然深陷这样的话语体系："当有人没法理解你时，他们就会说你连存在都是有错的。"

英国社会学家大卫·冈特勒特（David Gauntlett）曾提出一个社会对新技术的适应循环模型，认为人们对于像电子游戏这样的新技术的恐惧更多是被教会的，而不是来自自身的经历与思考：新技术、新文化的出现会刺激一批人发声抵制；这些抵制的声浪，很容易被媒体进一步放大，于是公众的焦虑被进一步刺激；这种社会现象会倒逼研究人员去进行针对性的科学研究，以期有效地缓解这种焦虑；研究成果自然有积极的，也有消极的，但人们会倍加重视那些能够佐证焦虑的研究结果，于是焦虑进一步扩大。

这个怪圈会一直循环往复，直到技术走向成熟，对文化的渗透趋于稳定，大量的科学研究终于可以有效、多元地去解构这一技术，恐慌才会趋于平淡。

现在你之所以能看到这本书，也是因为电子游戏产业的发展走到了这一步，我们终于可以放下成见，正视对孩子的电子游戏管理了。

不要恐惧。在《星球大战》里，绝地武士尤达大师说过："恐惧是通向黑暗面的道路。"

面对电子游戏：技术的驯化

"鸵鸟战术"无法真正解决问题

不管是新鲜事物遭遇质疑的宿命，还是人们对于新技术的集体恐慌，都比较宏观。但家长们的视角，有的时候就是很微观、很具体，因为谁家的孩子对谁都是百分之百的重要。家长不一定要关心所有的孩子，但肯定都最关心自家的孩子。

所以家长还是会担心：我家孩子就是因为玩游戏不学习的啊！我就是担心我家孩子玩游戏学坏啊！我家孩子在游戏里一天到晚打打杀杀，他出门给我惹事怎么办？

这些问题很具体，而恰恰因为具体，才显得现实。的确，当电子游戏这事儿落在自家孩子身上时，一切都变得鲜明而值得警惕。

成瘾问题专家亚当·奥尔特在其著作《欲罢不能：刷屏时代如何摆脱行为上瘾》㊀中提到了这样一种现象：许多身在科技行业，并且最了解新科技力量的人，其实不希望自己的孩子使用发源自新科技的各种电子产品。他们中甚至有许多人把自家的孩子送到华德福学校，而这些学校普遍禁止在教室里使用电子产品；他们在家里也努力阻止孩子在12岁之前使用电子产品。

科技界大佬史蒂夫·乔布斯就小心翼翼地去限制孩子使用电子产品，而且也不给孩子买iPad——虽然这是他自家的产品。《连线》杂志的前编辑克里斯·安德森则在接受《纽约时报》采访时表示："我家孩子说我和我妻子就像暴君一样管着他们用电子产品，而我们自己却过分地关注

㊀ 本书已由机械工业出版社出版。

科技前沿动态……那是因为我俩目睹过新技术有多危险。我自己体会过电子产品给我自己带来的影响，而我不想看到这种情况有朝一日发生在我孩子身上。"

这种"鸵鸟战术"其实没法帮助孩子解决当下的真正问题。

当你上幼儿园中班的孩子说全班同学都有某款智能手表时，当你上小学的孩子说全班男生都在讨论《和平精英》（一款多人竞技射击游戏）时，当你上中学的孩子加了你的微信但没有向你开放他的朋友圈时，甚至当你上大学的孩子在脱离了你的管理之后，每天玩游戏到深夜两点时——在这种时候，把头埋进沙子里，假装一切不存在，不仅没有意义，还很耽误事。

大多数美国孩子到 7 岁时，就已经在屏幕前花掉了整整一年时间。3～8 岁的孩子每天暴露于屏幕的时间有 7 个半小时，别以为这个数字有多高，因为对 11～14 岁的孩子来说，这个数字还会暴增到 11 个半小时。也许对于中国的孩子来说情况会好一点，但这种不可逆的趋势意味着这一代人的大部分社会和认知发展都将通过一个个屏幕得以发生。

屏幕长期陪伴着年轻人，与此同时，许多父母却对电子产品与自家孩子之间的相互影响充满了不解——电子游戏在这里扮演了一个关键角色。心理学家亚当·彼特意识到了这一点，所以他专门创建了一个培训项目来把孩子们正在使用的新技术教给父母们，这些技术包括线上社交、电子游戏，甚至美颜相机。实践证明这个项目非常有用，因为在新技术使用方面，家庭要做出的决定，和其他的育儿决策大为不同，究其原因，是因为父母对于他们放到孩子手里的那个有屏幕的神奇工具，知道的实在太少了。

游戏"背锅"

有一位在某个研究机构当教授的母亲找到我,说她家 13 岁的女儿已经休学在家一个月了,按照她自己的形容,女儿的状态就是:"反正也不上学,天天在家打游戏呗。"

父母都上班,而且都是单位里的中流砥柱,忙得连轴转,他们从老家请了孩子的大姨过来,每天也就是给孩子做几顿饭。

我和她谈了谈我的看法之后,她还是长叹一口气:"唉!你们要是有个什么训练营,能让孩子不玩游戏了,花多少钱我都愿意。"

这样的观点本身,就投射着一种错误的态度:孩子的问题是游戏导致的。而且总有某个很好的强制性手段,可以让孩子不再碰游戏。通过这一手段,孩子明天一早就将主动背上书包,快快乐乐地去上学。

这是不成立的。就算没有游戏,孩子的问题依然存在,依然可能以其他方式来表达——结交帮派、酗酒、服用安眠药成瘾,或者离家出走。

游戏本身并不是这类家长需要关注的东西。他们需要关注的是孩子为什么拒绝和自己沟通,为什么不愿意去学校,为什么选择生活在一个虚拟世界中,把自己和外界隔离开来,不和任何人交流。

如果一个孩子特别喜欢拽着父母和他一起玩游戏,这简直就是个再好不过的消息——这说明游戏非但无法隔阂亲子关系,还成为难得的代际交流媒介。

而如果孩子本身就不愿意搭理父母,拒绝沟通,深陷于自身不被外界理解的心理问题,那么哪怕没有游戏,他也有一万种方式让自己沉沦。面对这样的孩子,就算你断网、断电,抢下他的手机,把他反锁在一个全是世界名著的书房里，问题也照样解决不了。因为这本身就不是电子游戏的问题，而是家庭教育的问题，是亲子关系的问题。

这些家庭里的家长意识不到这一点，为什么？说白了，他们缺乏与孩子交流的能力。这也会导致家长在其他事情上误会孩子，和孩子产生摩擦，让孩子缺少心理上的真正关爱，于是亲子关系就陷入了恶性循环，而电子游戏或者手机，就变成了乍一看最强有力的解释因素。

游戏的罪与罚

电子产品与当下孩子的童年有着太多的交集。面对这种交集，采用鸵鸟战术是不行的，一味甩锅也是不对的，那怎么做才是合适的呢？

我们需要驯化技术这一"野兽"，就像我们的祖先在1.5万年前把狼驯化成狗一样。

我认为，第一个敢驯化狼的人一定比第一个敢吃螃蟹的人更加勇敢。

"驯化技术"的概念，最早始于20世纪90年代英国和挪威的传播学研究。只不过那个时候，需要驯化的是野蛮生长的电视广告行业。对于技术的驯化涉及要如何使用与表现技术、如何根据我们的需求重新调整技术，以及如何更好地去影响技术的后续发展。面对新技术，确定如何使用、在什么时间段使用、谁去使用、谁在什么情况下不能使用——这都是技术驯化。

对于电子游戏在家庭中的管理来说，"如何不让孩子玩游戏"根本就上升不到需要讨论管理技术和沟通艺术的层面，因为这样的态度本来就有些肤浅。唯独更加深刻地去探讨驯化的可能性与方式才有意义。

那么，电子游戏能被驯化吗？或者值得被驯化吗？

反对观点中最突出的一点，当属"一玩游戏就学坏"，最典型的就是暴力游戏会让孩子们学会暴力。在这样的观点的影响下，试图驯化电子游戏，就有了与虎谋皮的味道。

你可能看到过不少论文论证了这一点。没错，但这些研究基本上都来自二三十年前。而从更贴近当下的数据以及更科学的研究方法来看，这个论证还真不一定能成立。

2019年7月底到8月初，在一周内，美国发生了四起枪击案，发生地分别为加利福尼亚州吉尔罗伊市、密西西比州南黑文市、得克萨斯州埃尔帕索市、俄亥俄州代顿市，共造成34人死亡，50人受伤。之后，美国总统特朗普发表了演讲，点名批评电子游戏："我们必须停止在社会中美化暴力，这就包括远离当前四处可见的、可怕又讨厌的电子游戏。"

乍一听，这是说得通的——虽然事实未必如此。

同年，一项针对校园枪击案的研究直接点出电子游戏并不是罪魁祸首。这项研究指出，当校园枪击案的凶手是有色人种时，媒体就会高度渲染行凶者的移民身份，很有"非我族类其心必异"的意味。可一旦凶手是白人，媒体却又不约而同地开始指责是暴力游戏让这些好孩子"学坏了"。研究分析了与204起校园枪击案有关的20多万篇新闻：当凶手是白人时，电子游戏被讨论的频率约为凶手是黑人时的8.35倍。

所以，到底是谁该为校园枪击案的发生负责？肤色还是游戏？归咎于某个自己没长嘴的客观原因，总是最省事的。

我们暂不考虑种族的因素，单单说电子游戏的负面影响，其实也没有媒体与政客想的那么严重与绝对。

斯泰森大学心理学教授克里斯·弗格森在2015年进行了一项元分析，他共综合分析了101个研究的整体数据，结果发现暴力游戏对儿童的攻击性、情绪困扰、社交活动减少与成绩变差等均没有显著影响。

2019年1月，英国皇家学会也发布了一个关于这个话题的研究，来自牛津大学与卡迪夫大学的研究人员发现，青少年的攻击性行为和暴力游戏之间并没有显著关联。研究还进一步论证，前人的大量研究成果，颇有"带着既有结论去倒推"的嫌疑，这样做研究，很有"自己是个榔头，看谁都是钉子"的感觉，所以最终才有了"暴力游戏导致暴力行为"的论证。

这样的新思潮，在国内也得到了共鸣。西南大学心理健康教育与社会适应实验室的刘衍玲教授所带领的团队2019年在《心理科学进展》上也发表了一项元分析研究，并提出这样一种可能性——暴力游戏之所以会让有的孩子出现攻击性行为，主要是激活了玩家本身在行为上的"暴力开关"。因为有很多研究发现，如果玩家本身并不存在对暴力的认同，玩暴力游戏就不会让他们产生暴力行为，甚至他们会反感与规避这些暴力游戏——那就更谈不上遭受负面影响了。

不过在我所接触到的数据里，最有说服力的来自专门讨论暴力游戏的著作《道德之战》（*Moral Combat*），这本书的作者之一是维拉诺瓦大学的心理学教授帕特里克·马奇（Patrick Markey）。他指出，在2005～2012年间，有70%的年轻人喜欢玩电子游戏，但如果我们分析枪击案凶手的个人特点，你会发现，只有20%的凶手对电子游戏感兴趣，反而有超过六成的凶手有过自杀意愿、被校园霸凌的经历、阶段性情绪低落。很明显，倾向于采用极端暴力去解决生活困扰的人是一个问题人群，而这个人群最大的问题显然不在玩不玩电子游戏这件事上。

不过我另有一个更加保险的想法，专门应对家长们"不怕一万，就怕万一"的观念：咱先不管影响机制如何，既然暴力游戏没准儿存在风险，那我们不要让孩子玩暴力游戏不就好了？好游戏那么多，何必非要玩打打杀杀的游戏呢？毕竟，我们不是要洗白技术，我们是要驯化技术。

2009年，艾奥瓦州立大学的道格拉斯·简特尔（Douglas Gentile）教授主持了一项经典的跨文化研究，探讨了通过玩亲社会属性的电子游戏，能不能更好地培养出美国、新加坡、马来西亚、日本、荷兰的孩子的利他、助人、共情等亲社会行为。结果很乐观：好游戏对好行为有着显著的促进作用。而2016年，一项针对杭州两所小学的研究发现，在中国，亲社会的电子游戏同样能够显著减少小学儿童的攻击性行为，且男生比女生更容易受影响。

非但如此，中国国家社会科学基金会也批准了一系列对亲社会游戏影响机制的研究，这些研究当下正在紧锣密鼓地进行中——学界已经达成了一致：让孩子接触亲社会游戏，真的可以有效帮助孩子更好地投入社交。

虽然对电子游戏的驯化看上去很值得期待，但并不意味着电子游戏的各种元素都能被全盘接受。一如狼在被驯化成狗的过程中，有的变成了吉娃娃，有的变成了藏獒，还有的一直没变成狗，直到今天也还是狼。

也许孩子们因为涉世未深，没法很好地对电子游戏加以分辨与吐纳，但是作为家长，应该对电子游戏和游戏玩家——也就是我们自己的孩子多一些了解。唯独这样，才能更好地去管理子女，驯化技术。

对于以电子游戏为代表的新技术，真正成熟的观点不是盲目乐观，而是以带有复杂性的视角,去看待这些本就复杂的事物。如果持全盘否定的态度,驯化就无从谈起,但我们也不能照单全收——需要思考的是可以从哪些角度驯化游戏,以及如何加速驯化的过程,以更好地服务于孩子们的成长。

答|疑|时|间

"孩子玩的游戏里,多少都有一点暴力的内容,我想孩子还是会有样学样,怎么办?"

学界还在争论电子游戏中的暴力内容到底对孩子的成长有怎样的影响,可我们并不能干等着科学家拿出成型的结论才着手管理。虽然我坚信一个没有潜在问题的孩子,是不太可能纯粹因为玩游戏而"变坏"的,但的确在有的游戏中,暴力的成分与表达方式会超过低龄人群适宜接受的范围。

河豚能吃,甚至好吃。但如果你不会处理,或者心里还是惴惴不安,那不吃就好了。天底下又不是只有这一种鱼。

同样的道理,并不是只有血肉横飞、打打杀杀的游戏才是好游戏,非常多的游戏中并没有被刻意过度渲染的暴力成分,你不用把所有游戏一棒子打死,大可以有选择地让孩子玩到精品。甚至还有一些游戏内置了暴力内容的开关,如果家长觉得不合适,可以不让这些暴力内容在游戏中呈现出来。

除此之外,我们还要明确孩子玩的游戏在分级系统中被划归进了哪个类型,给一个6岁的孩子玩一款在分级系统中适合17岁以上玩家的游戏，无论如何都是不合适的。关于游戏分类及分级系统的进一步信息，你可以在本书的第 5 章中找到。

"既然乔布斯都不让孩子玩 iPad，那些科技大佬也不让孩子接触电子产品，我为什么还要让孩子去碰呢？"

这些科技界的大咖是技术领域和他们所在行业的专家，但他们并不一定是亲子关系和儿童发展专家。在为人父母这件事上，他们并不一定比普通家长更高明。

我想你肯定见过某个行业的从业者，可能是医生、教师、警察，会坚决地不允许自己的孩子也投身同一行业（当然也有很多会非常期待孩子也干自己这一行）。的确，从事这一行可能会让你看到更多外界所观察不到的挑战与问题，但是干什么没有挑战，做哪行不会碰到问题呢？孩子们就算没在这里遇见挑战，也迟早有一天会碰到靠自己才能搞定的问题，重要的是在应对这些挑战的过程中，他有了对于自身能力的认知，也锻炼了自我管理的能力。

在电子游戏管理上也是同样的道理。讳疾忌医，是解决不了实际问题的。

第 3 章

边游戏，边成长

用游戏促进成长不是伪命题

"不得不做"的"合理指导"

电子产品在今天儿童的日常生活中，地位一直都很尴尬。

它不可或缺——不管是听故事、看动画片，还是最近几年风头很盛的线上小班外教课，都离不开电子产品；它又带来很多烦恼——"网络成瘾"的临床指标最近得到公认，无处不见玩着手游的孩子，甚至有两三岁的小朋友必须用动画佐餐才能吃饭。

出生在信息科技大浪潮中的新一代孩子，难免会有着不同于他们父母的成长轨迹。我家大儿子两岁半的时候，在电梯的内壁上看到广告框，第一反应是下意识地戳一戳。我看他有这样的行为，当时很是不解，但很快就反应过来：他见到过的所有差不多大小的彩色平面基本都是触屏的。自然而然，在看到那幅广告时，他想当然地就想试试能不能划一下。

电子产品与孩子童年最大的交集，也是家长最头疼的孩子使用电子产品的场景，想必就是电子游戏了。家长们往往可以理解游戏对于孩子来说是"好玩"的，但游戏除了"好玩"之外，难道就一无是处吗？

游戏与成长并非南辕北辙，不仅如此，如果能够合理指导孩子玩游戏，游戏甚至能够带来巨大的成长红利。这种"合理指导"对今天的家长而言甚至不存在"要不要做"的问题，而是"不得不做"的。

说一千道一万，在信息时代，你不让孩子碰屏幕？这不现实。你不约束孩子用电子产品？那孩子的行为就容易走向失控。

《游戏改变世界》的作者、游戏设计师简·麦格尼格尔从不掩饰自己对电子游戏的执着倡导，她认为人们通过玩游戏可以广泛开发四个有用的特质：第一，动力感——立即采取行动去克服障碍的愿望，同时坚信自己可以成功；第二，强化的社交能力——研究表明，在我们与别人玩游戏之后，即使赢的是对方，我们也会更喜欢他们，这是因为一起玩游戏会建立信任感；第三，投入感——我们更乐于努力赢得胜利，而非放松或闲逛；第四，意义感——玩家更喜欢投身于那些令人敬畏的宏大任务。麦格尼格尔说，这四个超级影响力能把人塑造为"被赋能又心存希望的个体"。

不难想象，如果我们从孩子自身的成长出发，去有效引导这些力量，那我们的孩子一定能走上非常棒的成长道路。一个有动力、与人为善、做事专注、有宏观目标的孩子，难道不值得我们下功夫去培养吗？

从心理学的视角看去

读完上面这一小节,我想你肯定也会怀疑这种可能性——玩游戏的时候这样,做其他事的时候可未必这样!

的确,麦戈尼格尔的理念和想法最近很流行,而我们也不得不承认,其中稍有一点一厢情愿的味道。但好在最近十年,大量的心理学研究已经证明,通过游戏促进成长并非说说而已。

心理学这个学科,完全可以胜任游戏和孩子之间的中介角色。

我上大学时,就希望能用心理学的技术探讨一些游戏中的现象。那个时候,我玩《魔兽世界》,基本上所有的课余时间都被我花在了艾泽拉斯,也就是《魔兽世界》的故事所发生的那片土地上。

我向我当时的导师提报了这样一个学术选题——什么样的人格特质,会导致男性玩家在游戏中"男扮女装"?也就是说,玩家本人是个不折不扣的男性,但在游戏里,是什么样的原因导致他选择了女性角色呢?

这个选题在当时太超前了,整个小组除了我,没有一个"硬核"玩家,大家并不觉得这是一个能拿得上台面的问题。选题最终没通过,但心理学对游戏的探究潜力可见一斑。

今天,心理学和它所代表的学术视角依然影响着我,影响着我在养育中的决策,以及我和孩子之间的关系。

好在,最近十几年间,对电子游戏对儿童成长的影响的研究已经有了长足的进步。曾经有不少研究都认为电子游戏会给孩子带来负面影响,但这其实都已经是老皇历了,咱不能"拿前朝的剑来斩本朝的官"。今天的游戏种类繁多,对孩子的影响也远远超越了大量家长和教育从业者的想象。

对孩子来说，游戏能够带来的成长，主要集中在四个方面：认知上，玩游戏的确可以起到寓教于乐的效果；情绪上，很多游戏对于缓解压力和改善情绪有良好作用；社交上，一方面游戏给孩子提供了交友的平台，另一方面游戏还可以促进孩子亲社会性的提升；创新能力上，孩子的创造力与心流体验，都可以通过游戏得到不错的激活。

以上这些好处，并非拍脑袋想出来的，而是得到了确凿的研究论证的。

大脑的跑步机

玩电子游戏同样能"学到什么"

家长们经常能见到孩子玩这样一类游戏：拿把枪，"突突突"。

至于子弹倾泻的目标，有可能是其他的玩家，有可能是游戏里设定的敌人，还有可能是成群的外星怪物。很多家长非常反感这类游戏："一天到晚杀杀杀，杀来杀去，你能学到什么？"

实话实说，玩这些游戏，孩子可能的确学不到什么知识层面的东西，但是有一些非常重要的大脑功能通过这些游戏可以得到训练。这不就是"学到什么"了吗？

比如，这类游戏可以帮助孩子学会更有效地分配注意力。在所有这类游戏中，玩家都要一方面专注于自己的核心目标，另一方面留意屏幕上可能出现的额外敌人，这对于孩子的认知能力和注意力都有着非常大的挑战。

游戏中，与核心目标有关的注意机制叫作"集中式注意力"，与屏幕中的大量敌人和飞溅的弹药有关的注意机制叫作"分布式注意力"。如果你只采用前者，紧盯着通关终点不放，你就不能活着冲到终点；但如果你只关注后者，你又丧失了根本目标，只会毫无策略地原地开枪。

所以，要想闯关成功，你就必须要做到将注意力高效率地合理分配，既留意重要的关卡任务，也要关注随时发生的突发事件，而这一切，因为游戏的快节奏，还发生在一定的压力感受之下。对应在日常生活中，这其实有着很直观的影响力——开车、踢足球、公众演讲，甚至考试，其实都涉及这种注意力的高效分配，掌握了这个技能，才会在这些活动中有上佳的表现。

相对于普通人，经常玩这类游戏的玩家，大脑中负责注意力调控的多个脑区都会更加活跃，包括负责维持注意力的背外侧前额叶皮层、在不同目标间切换注意力的顶叶皮层，以及监测人体自身行为的扣带皮层。

积极共识

2018年，《科学美国人》发布年度专刊《大脑之谜》，其中特邀日内瓦大学的认知神经科学家达芙妮·巴韦利埃（Daphne Bavelier）撰文，深度探讨了电子游戏如何作用于大脑中与智能相关的神经机制。

在过去的15年中，这一领域的研究越来越多，科学界已经基本达成了共识：动作类电子游戏的确可以提升某些认知能力。

比如威斯康星大学的心理学家肖恩·格林（Shawn Green）在最近的研究中发现，玩电子游戏可以提升人的多项认知能力。比如经常玩动作游戏的人，眼睛更容易注意到一些细节，这在审题、阅读论文以及看药瓶上的小字时，都十分有用。与此同时，这些玩家的视觉对比敏感度也比常人更高，这有助于这些玩家在浓雾中更好地驾驶车辆。除此之外，动作游戏玩家的空间想象能力也更强，可以更轻松地在头脑中旋转三维物体。

除了注意力之外，游戏玩家的多任务处理能力也不错，这可以帮助他们在日常生活中更好地应对那些不得不"三心二意"的场景，以及在学校与职场中更好地同时兼顾多个不同的任务。

如上，玩电子游戏可以提升某些认知能力，是因为玩游戏所涉及的脑功能区，与日常生活中很多认知活动所涉及的脑功能区高度重叠。

从这个角度看，电子游戏是大脑的跑步机。你在跑步机上跑一个小时，有什么意义呢——本质上，你不还是在原地踏步吗？但你其实很清楚，跑步机的意义并不同于自行车，并不是让你快速位移，它的意义在于改善你的身体状态，保持你身体的激活水平。游戏对于大脑，也是同样的道理。

情绪调味品

悸动的心

除了认知之外，游戏的另一个红利区，在于调节情绪感受与缓解压力。

不管是打扑克、下象棋还是打麻将，人们喜欢的重要原因之一就是"好玩"。而好玩这件事其实并不单纯，它不仅仅有放松的成分，同时也必须有一些紧张刺激的要素。好玩的游戏一定是能激活玩家情绪、情感的游戏，而优质的游戏也会通过激发孩子的情绪感受，帮助孩子更好地收获多样化的情绪体验，甚至排解压力。

通过电子游戏来缓解压力，疏解情绪，我们都能很容易地理解。如果你玩过《仙剑奇侠传》或者《博德之门》这样的老游戏，你甚至会发现，游戏剧本阐述了一个宏大的世界观，讲了一个很精彩的故事，玩罢过后，你会像看了一场精彩的电影或者看完一本名著一样，有内心悸动的感觉。当然，这样的游戏今天也依然有，比如《生化奇兵：无限》和《辐射》都很好地完成了一种颇有美感和底蕴的叙事。

牛津大学互联网研究中心于 2017 年在《心理科学》上发表了一篇论文，探讨了青少年接触电子屏幕的时间长短与主观幸福感之间的关联。其中一个重要的研究话题，就是接触电子游戏对幸福感水平的影响。研究最终发现，在周末，接触电子游戏且时长在三个小时之内可以有效地提高青少年的主观幸福感水平，在需要上学的时候，这个时长会下滑到两个小时。此外，与其他接触电子屏幕的方式——比如看动画片、刷手机和上网相比，游戏对情绪功能的改善效果是最好的。从数据来看，上学日玩两个小时游戏的影响最大，能让孩子的主观幸福感提高大概 6%。

不止于此

事实上，游戏给情绪带来的影响不止于上一段所述。帮助玩家更好地锻炼对压力的抵抗力，也是游戏的一个重要情感功能。

经常玩游戏可以让人对突发压力事件更敏捷地做出反应。有实验发现，通过玩动作类电子游戏，受试者的反应时可以缩短 10%。与此同时，反应时的缩短却并不意味着行为精度的降低。哈佛大学主要的教学医院贝斯以色列女执事医疗中心发布的一项研究发现,如果腹腔镜外科医生每周能玩超过三个小时的电子游戏,在手术中的错误就会比他们那些不玩游戏的同事少37%。

一个打游戏认真的孩子,起码具备了"认真对抗压力"的能力,他只是有可能不愿意把这种能力用在学习上罢了。但是我们必须要承认,这种能力是一种很重要的优质技能,并且不少游戏对培养这样的能力有着显而易见的好处。

这些游戏中,最典型的就是一些既需要动脑子,又不一定一次性就能成功过关的游戏,比如《传送门2》。这是一个要求玩家利用一系列工具找到密室出口的有趣游戏,既有趣味性,又考验智力水平。有研究发现,玩《传送门2》会让玩家在问题解决、空间技巧和意志力方面有更好的表现。

当年你在玩《魂斗罗》的时候,有没有死磕某一关许久的经历?这种死磕的精神也能被游戏培养出来。

现在的很多游戏其实都具备这种特质,尤其是一些解密类游戏:它不涉及暴力,也不涉及复杂的剧情,可能只有几个简短明晰的规则,但却有着千变万化的可能。要想通关,甚至高分通关,就要有维持好心态、保持好状态的能力与水平。

如果一个孩子能够在《纪念碑谷》这样的益智游戏中有上佳的表现,那他除了是个聪明孩子之外,我相信,也一定是一个耐得住性子的、坚韧不拔的孩子。

一个更包容的社交平台

当然,你可能是一个开明的家长,你也许觉得孩子可以适度、适量地玩游戏,但现在有很多线上游戏,最好还是少接触——花钱不说,也容易让孩子交到坏朋友,学到坏习惯。

我必须承认,这个风险是有的。但是每一个今天的家长也必须要承认:线上多人游戏已经成为当代儿童、青少年的重要社交媒介。从前文提到过的皮尤研究中心发布的报告来看,我们其实不难得出这样的结论:在当下小朋友的生活中,游戏扮演了一个非常重要的提供"共同语言"的角色。

从当年我和我爸在游戏机上玩《玛丽医生》,到今天我可以和昔日的大学同学相约一起玩《魔兽世界》的最新副本,电子游戏始终发挥着支撑社交的功能。而相较于体育活动、茶话会、旅行,电子游戏的社交属性还有很多独有的特点。

《交往在云端:数字时代的人际关系》的作者、美国堪萨斯大学的传播学教授南希·拜厄姆提出了七个区别不同媒介的元素:交互性、时间结构、社交线索、存储、可复制性、可及性和便携性。

交互性

电子游戏的交互性是非常强的。在我上小学的时候,流行找"笔友",也就是写信给远方的一个其实也不怎么熟悉的同龄人,然后翘首以盼地等着回信。而今我大儿子快上小学了,我已想不起自己上次寄信是在多少年前。这其实就是因为传统信件作为社交载体,交互性是比较差的。但是在电子游戏的平台上，交互性往往非常多元与高效，比如在《马里奥赛车 8》这样的游戏中，玩家之间可以彼此使用各种各样的有趣道具，而道具的使用伴随着赛程的进展，可以直接促进玩家彼此的口头交流和情感交流。依托电子游戏，玩家之间有很多可以交流的内容和即时的交流通道。

时间结构

时间结构指的是你的交流能不能得到及时、快速的反馈。还拿"交笔友"这件事来说，谈的东西太少、范围太窄，是交互性差，而动辄要等上两三周才能知道你之前写给对方的东西能得到怎样的反馈，这就是时效性差了。而在电子游戏的平台上，行为和交互往往能够得到非常快速且高效的反馈。像《英雄联盟》这样的游戏，有点类似于篮球比赛，是五个玩家和另外五个玩家的对抗。在游戏的中后期，一般会产生数次高强度的大规模对抗，而这些对抗的持续时间可能仅仅只有不到十秒。在这短短的十秒时间里，每个人都要进行非常多的细致操作，而且对于团队成员之间的配合也有着极高的要求。而如果团队默契地配合，赢得了"团战"的胜利，这就会对玩家彼此之间的评价与认可产生非常强的促进作用。这便是良好的时效性给社交带来的影响。如果你还是没法理解，那你不妨想象一下在打麻将的时候，你的上家坐了一个不管摸牌、打牌、碰牌、吃牌都要先犹豫十几秒的慢性子，你会不会很崩溃呢？

社交线索

第三个元素社交线索，指的是人在社会交往的过程中，能不能更加完整地接受对方所表达的真实信息。

在人们进行线上交流的初期，这是一个大问题。在刚刚开始使用手机的时代，谁没经历过误解短信"语气"的情况呢？那个时代，连彩屏手机都没有，绝大多数手机都发着一种有点诡异的绿色荧光。比如你要加班，给老婆发了个短信通知，对方回了简单的一个字"行"，这个时候，你所拥有的社交线索是很少的。你其实并不清楚老婆是真的同意了，还是带着一点生气，甚至是很生气，故意在说反话，等着你去悟。在这样的基础上，有的人开始习惯性地使用"~"这样的标点符号来表达态度，也慢慢出现了像"：)"这样的颜文字，以至于到了今天，表情符号已经塞满了大家的手机。很多电子游戏，在社交上都有着富媒体化的表现，会通过各种交互方式来进行社交表达，大量的线上多人角色扮演游戏，都有着很完善的表情与动作系统。在苹果公司公布的2019年度应用中，游戏《光·遇》斩获"年度游戏"这一奖项，而它正是一个在"社交线索"上很有特点的游戏。

在这个游戏中，你可能会碰到不同的玩家，但是玩家之间必须在友好的互动过后，才能开启文字交谈。在其他大多数游戏里，彼此有个大概接触之后，人们就开始了针对对方个人的交流，但这有很大的隐患：很多时候，人们之所以要开口或留言，其实是因为出于种种原因要开始相互攻讦了。但是在《光·遇》中，有彼此点燃对方的蜡烛、牵手、拥抱、击掌的设定，而必须有过友好的认可之后，才能开启游戏内的文字交流。

玩这个游戏的头五分钟里，我碰见了两个路人，我们彼此点燃了对方手中的蜡烛，然后不约而同地向同一方向奔跑而去——说实话，这种体验我在其他游戏中还真没有过。没有用语言，纯粹利用互动，也造就了默契的社交。

一位67岁的老人曾给这个游戏的制作团队发去感谢信，表示自己未曾玩过游戏，但是在《光·遇》的云端王国收获了莫大的感动，并重新找到了爱与被爱的感觉。这已经很能说明问题——电子游戏对个人的社交理念及体验，往往能起到全然不同的影响。

存储与复制

至于存储与复制这两个元素，则指的是社交平台上信息的留存和进一步传播的能力。如果你愿意，你可以在换手机的时候，留存旧手机上所有的聊天记录到新手机上，这便是存储与复制的典型实践形式之一。

但电子游戏，可能会以其他的形式，把发生在这个世界中的故事，用另一种形式留存下来，传播出去。

比如在《魔兽世界》中，每一个选择"牛头人"作为自己种族的玩家，都会在等级很低的时候，接到一个叫"凯雷失踪了"的任务。任务很简单，就是帮一个名为阿哈布·麦蹄的NPC（非玩家角色）找回他丢失的小狗凯雷。

这个任务没什么前置条件，也没什么后续任务，给的奖励也谈不上丰厚。但是我每次创建一个新的"牛头人"角色时，都会认认真真地把这个任务做完。因为这个任务，其实是一个值得尊重的魔兽世界玩家留给世界的遗产。

伊萨·查特顿是一个被单亲爸爸抚养长大的孩子，他是一个受恶性脑肿瘤困扰的癌症患儿。他的爸爸在《魔兽世界》刚刚发布的时候就很感兴趣，只是家里经济状况不太乐观，所以一直没有办法采购能用来玩游戏的电脑和游戏账号。祸不单行，一场突如其来的大火烧毁了伊萨所有的玩具。他和爸爸共同决定，用有限的经费重建家园，其中就包括采买一台电脑和互联网的接入服务，再买一个《魔兽世界》的账号，两个人一起玩。

从此以后，这对父子的关系变得比之前更加亲密，不仅讨论游戏中的方方面面，也会共同探讨生活与未来。

伊萨的病一天比一天重，经历了大量的医疗干预，一次陷入昏迷在医院苏醒后，他只有一个要求：玩《魔兽世界》。

《魔兽世界》的研发公司暴雪娱乐在得知这个消息后，马上安排了让伊萨前往暴雪总部的行程，全程由《魔兽世界》当时的游戏总监杰夫·卡普兰陪同。

伊萨花了一天的时间，设计了一把游戏中的高级武器、一个 NPC 和与这个 NPC 有关的任务，还为 NPC 录制了专门的语音。这个 NPC 就是阿哈布·麦蹄，而他要找的那只狗，原型就是伊萨本人的宠物狗凯雷。这并不是玩玩而已，武器、NPC 与任务，在全世界的魔兽世界服务器都上线了。在行程的最后，暴雪把伊萨和他爸爸的游戏角色升级到了 70 级（当时的满级），给了他游戏中最好的装备和大量的游戏货币，甚至还暂时给了他游戏管理员的权限，这样他就能自己去体验当时游戏里最厉害的魔兽是什么样子的，而且还有了秒杀它的能力。

这一天的行程让伊萨很疲惫，但更多的是兴奋。他想在未来成为暴雪娱乐的雇员，并加入测试团队。但是，现在的他必须要回家养病了。

然而，不到一年后，伊萨的病情急剧恶化，因为肿瘤的缘故，他出现了视力上的障碍，右半边身子也动弹不得。最终，他在家附近的医院去世，年仅 12 岁。

斯人已去，但是直到今天，每一个魔兽世界玩家，都可以在血蹄村看到一个向你招手，让你帮他找小狗的 NPC，还能听他和你对话，那就是这个孩子曾经存在于这个世界上的证据。

伊萨去世后，他的父亲专门写下了这样的悼文：

> 我写作此文的动力，源自巨大的痛苦。伊萨的去世是一个悲剧，他再也无法做他想做的事，再也无法发掘自己伟大的潜力了，这也无疑是整个世界的损失。我愿以他为楷模。当病痛将他束缚在轮椅上时，他就开始体验《魔兽世界》；当光明也被夺去时，他便享受音乐、和宠物玩乐或尝试美食，甚至指挥我继续扮演他在游戏里的角色。他的理念便是，当病痛把他的世界变得越来越小时，他就更紧密地拥抱生活。他对生命的美好渴望，是我所难以企及的。
>
> 我想，纪念我爱子的最好方式，莫过于学会像他那样热爱生活。
>
> 这将是一个漫长的过程，因为我的至爱已经消逝，但伊萨一定乐于看到我的努力。《魔兽世界》的社群一直以来给予我们最大程度的关怀，在这里我希望他们也能向生活的真谛更进一步，以此铭记我的伊萨。
>
> 伊萨的病痛和逝去是一个悲剧，病魔竟如此轻易地击碎了我们的生活，但伊萨面对病痛表现出来的斗志也让我明白了人的意志是如何超越病痛折磨的。
>
> 全球的《魔兽世界》玩家给予我们的关爱、那些素昧平生的拳拳之心，深深打动了我。病痛可以摧残身躯，却不能动摇一颗坚不可摧的心；肿瘤可以摧毁大脑，却无法撼动昂扬的斗志。

我深爱的儿子，他是伊萨·"凤凰"·查特顿，他是猎手 ePhoenix，他是法师 Squirlanator，他离我而去，留下无限哀思。

请记住我的儿子，他是一个好孩子，一个聪颖而热忱的孩子，一个《魔兽世界》的死忠粉丝，一个爱吃糯米布丁和奶油拌面的孩子，一个在无尽痛苦中仍不忘微笑的孩子。

也请记住暴雪的关怀和《魔兽世界》社群的关爱。没有这些馈赠，伊萨与病魔对抗之路恐怕会更为曲折。

感谢所有曾帮助过他的人。

你真诚的

米卡·查特顿

从 2009 年开始，《魔兽世界》在每年的春节期间，都会让一个牛头人 NPC 出现在特定的区域，他的名字就是"长者伊萨·麦蹄"。他身着中式服装，形象与伊萨生前的游戏角色完全一样。2020 年春节，我造访这位 NPC，发现他还在那里，身边还有一只小小的凤凰，预示着"浴火重生"的美好期待。

这种社交的温度与力量，依托于游戏的技术手段和人文关怀，更好地得以留存与传播。

可及性和便携性

媒介还有两个元素，即可及性和便携性。电子游戏近年来在这两个方面也得到了很好的发展。电脑与手机的普及影响了社交的"可及"。我们都曾经体验过与某个旧友失去了联系，而原因仅仅是双方各自换了几次手机号而没有及时相互知会。信息技术和大数据技术可以更好地解决这一问题，让交流更加"可及"，为共同参与电子游戏提供更好的接入场景。

至于"便携性"，更是有目共睹。可移动电子设备的性能在持续提升，任天堂的游戏终端 Switch 甚至在便携设备上设计了两个手柄，让玩家在有需要的情况下，能够立刻就地开始多人电子游戏。

作为一种促进社交的媒介，电子游戏很明显是完全够格的，它足够复杂、多元、有包容度、易触达，高度接近真实生动的社交环境。

创造力：是否有可能通过游戏去学习

游戏与心流

游戏中有一个非常重要的类别，叫作"益智游戏"。从当年诺基亚老款手机上自带的《贪食蛇》，到经典的《祖玛》和《宝石迷阵》，再到前几年很火的《2048》，都属于这个类别。但是游戏到底能不能"益智"呢？很多玩家口中的玩游戏"越玩越聪明"，到底有没有可能性呢？

从认知功能的角度来说，我们前面已经讲得很清楚了。但是人聪明的另外一个重要表现，就是"有创造性地解决问题"。

很多人都知道，不同的游戏关卡，会促使玩家想办法克服困难以顺利通关，这对于创造力是一种锻炼。这个道理很浅显，我想不用讲大家也能明白。

我想阐述的是游戏给创造力提供了一种非常好的土壤：心流。

玩游戏是非常容易让玩家产生心流体验的——不管是电子的，还是非电子的。我爸的一个朋友，人送外号"棋疯子"，就是个下起象棋来没日没夜、不知够的人；我的一个表哥热爱打篮球，不怕晒、不怕冷，只要有人叫打球，换了鞋就走，就像能连着玩几个小时《文明6》的我一样。

虽然我们选择了不同的游戏形态，但游戏给我们提供了同一种心理体验：心流——一种让人高度投入，甚至忘却时间流逝的心理状态。

著名的心理学家米哈里·希斯赞特米哈伊有一本经典著作《创造力：心流与创新心理学》。在书中，他指出人的创新很大程度上依托于心流的存在。你解数学题时突然想通了，是因为心流；你写作文时下笔如有神，灵感无限，是因为心流；你玩象棋时频出妙招，是因为心流；你玩游戏时精巧腾挪，通关斩将，也是因为心流。心流是一种高级而稀有的心理体验，而游戏是诱发心流的极佳环境，这样的组合，很有可能是创造力的重要源泉。

从脑科学的角度来看，电子游戏会让多巴胺水平达到峰值并引发心流。这种状态是需要孩子足够专注并长时间思考才能获得的。对于许多孩子来说，电子游戏就是他们能体验到控制感的最好的"场所"。

游戏设计师通过调整游戏的难度以匹配玩家的技能水平，来创造一个让玩家专注并努力参与其中的完美环境。因此，游戏设计师往往要通过长时间的程序开发来激发玩家的"完全沉浸感"。他们还给玩家提供了一个安全的环境，在这里，犯错也不丢人，反而是一种让你学到新技能并玩得更出色的手段。

大量的研究都得出了这样的结论：游戏满足了人们对能力表现和控制感的双重需求，同时，多人游戏还满足了人们对关系的需求。高度投入、感觉良好、可以安全试错、有外界的支持，这简直是一个激发创造力，解决需要高认知状态才能搞定的问题的绝佳场所。

教育也在游戏化

中国人民大学附属中学是排名位居前列的一流中学，在这所学校中，素质教育办学的一个非常重要的亮点，就是一年一度的人大附中学生电影节。

2017年，在人大附中第十三届校园电影节上，"最佳影片奖"由一名高一学生所带领的团队获得，他们的作品名为《一个小故事》。

乍一看这个作品，你可能会有点奇怪：这是一部由一堆像素化的方块人在一个像素化的空间里演绎剧情和对话的电影作品——并不觉得有什么出彩的地方啊？

但这些看似粗糙，甚至让很多人联想到20世纪90年代一度流行的装修用马赛克颗粒的画面，恰恰就是让这个小团队喜得桂冠的重要因素。它能得奖，不仅仅在于剧情中的深刻内涵，更在于电影的呈现形式：这是一部完全由游戏场景搭建起来的动画电影。这部电影里，从人物到建筑，都是由学生通过游戏软件用一个个像素方块堆垒起来的。这个游戏当下在多个年龄段的人群中有着非常强大的影响力，叫作《我的世界》（*Minecraft*）。

《我的世界》并没有什么炫酷的图形界面，或者史诗般的复杂剧情，它受欢迎的原因其实很简单：你可以自由地使用最基础的元素，从零开始创造一个属于你自己的世界。这个世界可以很简单：你可以挖一个深深的洞穴，然后在里面布置一个温馨的小屋；这个世界也可以很复杂：你可以利用游戏里的特殊材料，把这个游戏变成一个编程软件，甚至在游戏环境里再造一个游戏，让你能在游戏里面玩游戏，和《盗梦空间》（*Inception*）有异曲同工之妙。

每当有人问我这个游戏到底有什么好玩的时，我就会告诉他们：如果你能理解乐高积木有什么好玩的，你就能理解《我的世界》为什么能赢得这么多拥趸。

而人大附中《一个小故事》的创作团队，就是用这个游戏复原了整个人大附中的校园，并在游戏中设置角色，规划好角色的动作以及镜头的路径，并完成拍摄，经过后期剪辑，最终推出了成品。它新颖、有趣，并伴随着很高的自由度，获得如此好评实至名归。

这种"不设限"的游戏，甚至得到了来自教育界的高度认可。其实这并不让人意外：它具有高自由度、高交互性，实践意义强，能够激发学生的学习动机，这么好的教具不可多得。

在微软于 2014 年斥资 25 亿美元收购《我的世界》之前，眼光独到的瑞典老师莫妮卡·艾克曼就已经在课堂上将《我的世界》作为课程大力推行了。2013 年，她所供职的中学正式将这款游戏作为 13 岁学生的必修课，因为校方认为，这款游戏可以让学生更好地了解城市运营、环境问题，并培养他们创新思考与解决问题的能力。

如果你是一名教师，或者是一名希望让孩子通过玩《我的世界》来锻炼创造力、逻辑思维和数学能力的家长，你可以通过 https://education.minecraft.net/ 申领该游戏教育版的使用权。

回溯与展望

美国贝塞尔大学的教育学副教授希恩·迪克斯（Seann Dikkers）在他的专著《教师手艺：如何在课堂上使用〈我的世界〉》（*Teachercraft: How Teachers Learn to Use Minecraft in their Classrooms*）中，这样界定游戏所代表的新教育与传统教育的区别：传统的教育，主要采用一种"回溯"的方式，而游戏则截然不同，它提供给学生一种"展望"的视角。

采用"回溯"的方式来传递知识，自然要让学生们去做经验总结、考试、测验、读后感等等类似的工作，而采用"展望"的方式去发现知识，则更多地要求学生们去探索、试错、体验和尝试创造性地解决问题。

很多传统的教师只掌握了"回溯"的教育手段，自然会高度排斥采用电子游戏作为教育平台。同样，很多传统的家长只能理解"回溯"如何让孩子掌握知识，自然也会认为游戏在教育上缺少功效。

当下教育界的思潮其实更倾向于让老师成为学生"在知识殿堂中遨游的导游"，而非学习上唯一而绝对的主导。知识在快速更迭，技术在高速发展，如果你已工作多年，就很明白企业里的老员工，很可能难于掌握真正的新技术——越老的员工要掌握新的技术就会越困难，因为这种学习很难依靠"回溯"的方法去完成，而"回溯"却是上一代人最能理解的学习手段。

对于孩子来说也是一样，只有掌握了新时代的学习方法，才能完成新时代的学习任务，对于一个出生于 2005 年之后的孩子来说，学会前瞻性地去"展望"新知识已成必需的技能。

希恩举了一些例子，来区分这两种教育手段（见表 3-1）。

表 3-1 两种教育手段

"回溯"型教育手段	"展望"型教育手段
听故事	讲故事
通过收据记账	摆个小摊位
阅读史诗《伊利亚特》	改写史诗《奥德赛》
参观卢浮宫	绘制手指画
听系列广播剧	录制自己的音频播客
看《布公仔乐园》系列剧	编排表演自己的木偶剧
看《星球大战》电影	制作自己的独立电影
给别人喝彩	为自己记分
采购现成的物资	自己手工制作物品
在游戏中走过场	投入地玩游戏

当然，这两种学习方法无法互相取代。如果没有回溯，展望将面对"巧妇难为无米之炊"的窘迫；如果没有展望，回溯也只是"嚼别人嚼过的馍"而已。

电子游戏不能替代传统的教育空间，它与教育并不天然对立，而是教育在当下的延伸。

进一步赋能

认知、情绪、社交、创造力，游戏给孩子带来的成长，其实并不局限于此。现在有很多组织，也在尝试给游戏进一步赋能。

比如将电子游戏和实体工程加以结合。从大疆的机器人套件，到任天堂为 Switch 游戏机量身定做的实体套装，都在尝试探索电子游戏和实体内容结合的新道路。

再比如功能化游戏。现在有很多游戏厂商，已经在开发具有功能属性的训练型游戏了，其中包括针对消防员、军人和学生的多个类别，让人们通过玩游戏掌握技能。毋庸置疑，这也是一条新鲜而有意义的道路。

更加强调审美性和艺术性的游戏，也越来越得到人们的青睐。游戏作为"第九艺术"，其文化属性本来就一直被强调，《风之旅人》《机械迷城》这样既有艺术感，又有深刻内涵的游戏能够流行，也证明了游戏的艺术化道路得到了大量玩家的认可。

总之，用游戏促进成长，非但不是伪命题，反而是一个实打实的养育现实。很少有什么养育元素，能够像电子游戏一般，如此多元而充满趣味性地给孩子的生活带来积极影响。

孩子、技术、环境、硬件、软件都已经做好了准备，甚至学校、社区、文化产业与政府也做好了准备，在我看来，让电子游戏赋能孩子的个人成长，在很多家庭里，就差家长这块拼图了。

不过，作为家长，我们并不能坐享其成，依然有很多工作要做。只有这样，才能避免电子游戏成为孩子童年的"潘多拉魔盒"。

答│疑│时│间

"我不觉得孩子玩游戏能改善情绪，恰恰相反，我家孩子一玩游戏就急眼！"

有的家长会对游戏的情绪调节功能产生怀疑："我家孩子玩游戏总是着急、生气，不让他玩他还要和你吵架，让他接着玩他又一直很愤怒，这明明是不好的情绪啊？"

这往往是因为玩游戏的过程中遭遇了挫败，或者玩的方式有问题。

如果一个求胜欲望非常强的孩子，在一款强调对抗性的游戏中输了好几局，而且输的主要原因是"猪队友"，就很容易为此发脾气；或者一个非常期待剧情下一步走向的孩子卡在了一个迷宫中死活走不出来，也容易发脾气；甚至在玩某款音乐游戏的时候，一个孩子跟不上游戏要求的节奏导致没法得到高分，也可能会生气。

适当的紧张感，是游戏好玩的一部分，也能让人在玩游戏时表现得更好，但如果这种紧张感变成了愤怒，甚至影响到了其他事情。比如孩子非要赢一局游戏才睡觉，结果却从晚上8点一口气输到了深夜2点，那我们就有必要出手干预了。

首先是让孩子暂停玩这款游戏，一旦孩子陷入一种"赌徒心态"，像亏了钱的赌徒一样不惜一切代价要"翻本"，他其实就开始不健康地玩游戏了，所以为了避免情况进一步恶化，我们需要强制性地先让他暂停玩游戏。

你也可以让孩子在几天时间内先不碰这款游戏，先玩点别的。好游戏有很多，又不一定非它不可。玩一些更加轻松，不强调胜负而强调剧情或者创造力的游戏来调整情绪状态也很不错。就算孩子后来再没重新拾起那款惹他生气的游戏，其实也不是什么大问题。

你甚至可以想办法调整游戏本身的难度。大量的单机游戏都有难度上的设定，就算是网络游戏，也有很多设计了匹配不同层级玩家的对应玩法。

当然，你还可以找个机会，和孩子谈一谈"为什么要玩游戏"这个话题，他如果能认同玩游戏是为了更快乐，相信就可以从更内在的角度调整自己的心态了。

"我的孩子非常擅长打游戏，也的确很聪明。但他告诉我，准备高中毕业后就去做职业电竞选手，我该怎么办？"

最近几年，中国电竞队伍在国际比赛中拿过不少大奖，社会对电竞的认同度也在提升，我也在接待的家庭中，越来越频繁地遇到"要不要把游戏当职业"的问题。这背后其实是这样一个问题："既然游戏本身有这样那样的好处，那到底能不能更向前一步，把它作为一个人安身立命的职业呢？"

对此，我有三个基本观点。在和这些家庭沟通时，把这三个观点说明，可以帮助他们更加理智地决策。

第一，别拿你的爱好，挑战别人的职业。

很多孩子擅长打游戏，但是对自己的水平却抱有一种不切实际的高估与错觉。家长并不了解游戏，身边也不一定有相应的优质资源，所以往往并不能很客观地评价孩子到底适不适合成为一名职业电竞选手。

职业电竞选手是什么？在本质上，他们是职业运动员。你见过哪一个成绩辉煌的职业运动员，不是超乎常人的勤奋，没有一身的伤病，在走上领奖台的时候，脚下没"一将功成万骨枯"的残酷现实？

职业运动员需要的是良好的天赋、无比严苛的练习以及常人难以企及的自律，但是在大多数我接触到的想当职业电竞选手的孩子身上，说实话，这三样里一样都不占。他们之所以想选这条路，更多的是出于对游戏的爱好，以及自己"貌似"还算擅长。要知道，即使某个游戏玩到全校第一、全区第一，甚至全市第一，要靠玩游戏养活自己也够呛。

第二，孩子接触到的职业偶像，往往只有他片面的一部分。

很多职业电竞选手已经完成了"偶像化"的转变，除了打好比赛外，还会专门打造自己的偶像人设、粉丝社群、线上直播、代言产品，一样都不少。

还有不少人，彻底放弃职业电竞选手的发展道路，一门心思当以游戏为家底的网络红人。

有的孩子对我说："就算不当职业选手，当个主播，晚上直播四个小时，有人给刷点礼物，也能挣几千块钱了。我玩得也好，长得也帅，说话也幽默，为什么不行？"

没什么不行，但我们不能"光看贼吃肉，不看贼挨打"。在聚光灯下笑起来很容易，但是在幕后，更多问题才得以暴露和展现。先不说要有多少无人问津、难以维持生计的小主播来给一线大主播当"分母"，单单说玩家人群中耳熟能详的那些"成功者"，也涉及在游戏之外方方面面的能力：如果开工作室，你要有运营企业的能力；如果涉及知识产权，你要有法律法务的资源；如果要编辑自己的节目，你还要学会视频剪辑；运营粉丝的时候，那些友善的交流让人很舒心，但面对网络暴力和恶意中伤时，你处理起来能力又如何呢？不仅如此，还有经济上的纠葛、道德上的陷阱，方方面面的困扰太多，但是很多人就算当了大主播也没能处理好，这也是近年来游戏圈"网红"频频出事的原因。

第三，将游戏职业化的可能性，并不只有职业玩家这一条路。

我接触过很多爱游戏的人，最后走上了与游戏有关，却不是职业游戏玩家的道路。在喜欢玩游戏又擅长玩游戏的同时，如果你本身擅长运营人脉，你为什么不尝试做职业选手的经纪人呢？如果你文笔不错，为什么不尝试做一个游戏文本策划，或者以游戏文化为基础来创作小说呢？如果你擅长绘画，为什么不考虑做一个游戏视觉设计师呢？如果你满脑子都是创意和点子，为什么不考虑发展成一个游戏制作人呢？

这方面已经有不少成功案例，我小舅子就是一个小时候爱玩游戏的游戏策划总监，我还有一个爱玩游戏的朋友是专门开发游戏的程序员。他们都没那么擅长打游戏，但这不影响他们选择游戏来为自己的职业发展提供更多可能性。

很多玩家爱玩游戏，却以过于狭窄的视角来看待游戏。游戏玩家职业化不是不可以，但如果所有的玩家都削尖脑袋只当电竞选手，那游戏这个行业必然会走向崩溃。每一个来找我问游戏能不能成为孩子职业的家庭，我都尊重他们，但同时奉劝他们要理智，而这种理智分成两种，一种是了解在电竞这条路上往上爬有多难，还有一种则是要打开视角，看到与游戏相关的职业发展其实有更多的可能性。

第 4 章

改变从了解开始

游戏管理，家长要做什么

别让外行管理内行

在你的日常工作中，有没有碰到什么外行指导内行的事呢？每当碰见类似的事件，身为内行的那一方，往往有着一种非常"不爽"却又很无力的感觉吧？

我很能理解，因为我也经历过。

很多家庭里，家长指导孩子玩游戏的时候，带给孩子的感觉也是同样的。许多家长本身并不是游戏玩家——就算是，玩的游戏也往往和孩子所玩的有差距。这就带来了一个不容小觑的问题：指导孩子玩游戏之前，作为家长，需要先做什么准备工作呢？

很多家长对于管理孩子玩游戏这件事很有信心，而信心的来源，主要是家长认为自己能够有效切断孩子玩游戏的硬件来源：不给钱买游戏；把手机锁起来；到游戏该结束的时间了，不管三七二十一，直接拔电脑电源。

当年我爸就是这么对我的，他选择把我的小霸王游戏机的手柄藏起来，这样我就"巧妇难为无米之炊"了。而我怎么办呢？我去找了个同学，借了他家两个手柄中的一个，也暗自藏了起来，时不时背着我爸插在我家的游戏机上用。这样就算我偷偷玩了，我爸也不知道。

然而这种管理模式，就像《猫和老鼠》里面的汤姆与杰瑞，带来的只是内耗。用强硬的非常手段约束和管理孩子玩游戏，最终导致的往往不是成长，而是矛盾。

家长唯有自己先补好课，才可能对孩子玩游戏施加正确的干预。

让家长更了解孩子玩的究竟是什么，提升家长对于游戏的知情水平，可以有效降低游戏带给家长的压力感受，当然，也就能降低管理游戏给亲子关系带来的风险。我见到很多家长不喜欢孩子玩游戏，但哪怕对孩子再严格的家长，也往往认可孩子"放松"的需求。不知道你发现没有，为广大家长所接纳的"放松"方式，恰恰也是家长们最能看得透的方式，比如看看课外书、游游泳、打打球。这些休闲方式在家长看来靠谱的最大原因，是家长比较了解它们。家长自己也游过泳，也打过球，也看过课外书，而恰恰因为家长对于课外书有一定程度的认识，所以才会给孩子买《三个火枪手》而不是《金瓶梅》。如果现在摆在家长面前的是两个听都没听说过的游戏，他们怎么可能会有区分其优劣的信息与能力呢？

游戏让家长紧张，而紧张了容易焦虑，焦虑了则容易在与孩子交流时失当，问题也就这么产生了。

家长要心里有数

人类压力研究中心的索尼娅·卢比安（Sonia Lupien）教授提出了一个叫作"坚果效应"的概念，她认为，缩写为 N.U.T.S. 的四种刺激，会让人感到焦虑：第一是新异（novelty），指的是这种刺激你以前没见过；第二是不可预知性（unpredictability），就是你预想不到的事情却发生了；第三是对自我的威胁（threat to the ego），即你的安全感或能力遭到质疑；第四是控制感（sense of control），也就是你感到在控制局势上遇到了难处。家长不了解游戏，不知道游戏的影响是什么，在这件事上因为缺乏认识也无法细致管理。你会发现，倘若家长对游戏本身了解不多，每一脚就都会踩在雷上，压力如此之大的情况下，想不对孩子发脾气都难。

"心里有数"是每个人都追求的感觉，如果家长能够对游戏的设置心里有数，一定程度上了解孩子要玩什么、怎么玩、会碰见什么内容，以及可以玩多久，那么这自然就会为游戏的管理提供助力。在管孩子玩游戏之前，先了解一下孩子所玩游戏本身的特征与属性，无疑能让家长对孩子玩游戏这件事更加心里有数——家长知道孩子玩的是什么、面对的是什么。而知情水平的提升，也意味着家长压力感的下降，自然为心平气和地探讨游戏问题的处理留出了更多空间。

我问过不少家长电子游戏是什么，得到的答案形形色色，但鲜有正确的。他们这样回答我：

"就是他玩的那个啥 CF（指游戏《穿越火线》）。"

"拿枪打打打。"

"能语音聊天,和别人一起打。"

"得花钱'抽卡'。"

"要一直玩,不能停。"

"我家女儿玩的是给娃娃换衣服,我也不知道这算不算游戏。"

这些答案很具体,以至于到了过度片面的地步,也直接反映出这样一个现实:家长不太懂游戏。

但家长又想管理孩子玩游戏,这和我们在职场中遭遇的外行管内行的问题又有什么区别?

孩子到底在玩什么

日益模糊的概念

电子游戏到底是什么?

当这个产业刚刚兴起的时候,大家对这个概念还非常明晰。但是在当下这个时代,5G 开始普及,互联网带宽一而再再而三地扩充,增强现实与虚拟现实技术越发成熟,游戏制作团队的构成越来越多元化,游戏的概念已经越发模糊了。

2017 年 4 月,游戏《晚班》发布。相信我,这一定是你见过的画面最好的游戏之一,因为游戏里所有的画面都来自对真人演员的拍摄。游戏讲述了一起夜晚发生的凶杀案,把一名无辜的学生卷入其中,而为了证明自己的清白,这个学生(也就是玩家)不得不开始了一次追凶的冒险旅程。整个游戏的所有画面全部由真人出演，而游戏玩家需要做的，是在不同的选择上做出抉择，来引导游戏发展的走向，试图揭开凶杀案背后隐藏的真相。游戏一共有七个结局，而你能碰上哪一个，全靠你在整个游戏过程中的选择。而这七个结局，是由同一批演员按照七个不同的脚本演绎的。

这部游戏因为走心的剧情、新颖的交互设计，以及演员专业精湛的演技得到了广泛的好评，也激发了一个新的讨论：这到底是一个游戏，还是一部电影？

游戏界管它叫作"电影式文字冒险游戏"，电影圈管它叫作"交互式电影"。我的一个朋友对我说："这肯定是游戏！我专门把七个结局全都打出来了，这不是游戏是什么？"而另一个朋友却说："这绝对是一部电影！全是真人演的，用的是典型的影视剧脚本，拍摄团队比游戏制作团队人数都多，怎么说都是电影啊！"还有一个朋友根本就不在乎如何给这个文化产品定性，他兴奋地说："我才不管这是游戏还是电影！想象一下，有一天，这样的精彩玩意儿走进电影院，每个观众对着大银幕，手机接入影院的小程序，随着剧情起伏，集体投票抉择男女主人公的行为，多有意思！"

虽然我本人认为游戏和电影并不矛盾，一个你花时间和精力投身其中的艺术品，让你觉得有收获、有体验，它完全可以既是游戏，又是电影。但这毕竟涉及名分，在拉扯之中，人们达成了一种小小的默契，对于《晚班》这样的作品，不说是游戏，也不说是电影，统一称之为"互动影像作品"。

究其原因，电子游戏行业自身发展得太快，对于行业的研究的发展有些跟不上它的脚步了。

游戏的核心构成

斯坦福大学的教授拜伦·里弗斯（Byron Reeves）罗列了好游戏的十个典型要素，包括玩家在游戏里的角色、3D环境、游戏反馈、等级系统等。而麦戈尼格尔在《游戏改变世界》中则强调目标、规则、反馈系统和自主参与是游戏的核心构成要素。

在我看来，这些定义都太复杂了。游戏本身的发展太过迅速，我们不能在每一个新鲜游戏出现的时候，都扭回头，在游戏的类别概念中增加一个特征去适应新元素。新鲜的事物越来越多，这种时候做加法是徒劳的，恰恰相反，我们应该更加回归游戏的本质，狠狠地做减法，扩大它的包容度与外延，才能了解游戏的真正核心是什么。

我认为，只要满足三个特点就能构成游戏，它们分别是：规则、交互和表达。作为教育的发出者，从底层逻辑上去了解游戏的这三个要素，你就可以快速接入管理孩子或学生玩游戏的频道了。

很多时候，家长想了解一下孩子玩的游戏，会用这个问题开头："和我说说，你这游戏是怎么玩的？"

这个问题孩子其实很难回答，因为他不太明白你问的到底是什么：是这个游戏的规则吗？那"按鼠标左键开枪"是个好答案。是这个游戏里的交互吗？那"治疗队友，不要让他们倒下"也许不错。是这个游戏里的自我表达吗？那"虽然别人都打打杀杀，但我要当这个服务器里挣钱最多的人"好像也能理解。

因为你根本就没问对问题，所以孩子的回答往往片面或敷衍。甚至，他没打算回答你的问题，而只想赶快结束这段对话：

"就这么玩儿呗。"

"打就行了。"

"做任务。"

作为家长，听到这些回答，你能明白孩子到底玩的是什么吗？甚至你可能会觉得这样的回答对你是一种冒犯，而孩子的心不在焉让你很生气，在这样的情况下，亲子在游戏话题上就更难沟通了。

所以你的问题最好更具体一些，起码要具体到针对三个元素中的一个。

规则的集合

规则：游戏即江湖

我们先来谈谈"规则"。

在中文互联网中，最早得到普及的网游长什么样子？

你可能会认为是早年间的 2D 网络游戏，比如《石器时代》。其实在那个带宽紧缺，从网上下载一首歌的时长大概是这首歌时长三倍的年代，另有互联网游戏的先锋官。

这种游戏叫作 MUD（multiple user dimension，"多使用者空间"），它是一种纯粹利用文字来描述场景、人物、动作和交互的远古网游，就算是我这样自诩老玩家的人，也只抓住过它那个时代的尾巴。

没有图像，缺少声效，就连战斗场景都靠文字描述，在任何情况下，你都无法用鼠标和键盘直接操作人物，而是要依靠代码输入，像编程一样去驱动游戏进行。游戏中"新手村"的设置，就是先让玩家熟悉一遍各个指令的用法。

中文MUD游戏一开始在我国台湾地区流行，因其缩写的直译，被称为"网络泥巴"。但是在海峡彼岸，有一个更亲切的名字叫"江湖"。

称之为江湖，我想原因主要有三个。

第一，中文MUD游戏的底色在于武侠。1995年，方舟子集结了一个五人开发小组，开发MUD游戏《侠客行》并在北美运营，而这个游戏的世界观设定，并没有西方文化中的魔法与龙，而更接近于中国武侠小说中的正邪门派、强弱武功与恩怨江湖的统一体。游戏上线一年，服务器便遭遇黑客攻击，源代码全部泄露，方舟子团队索性完全将代码对外公布开放。这些被公开的源代码很快传到国内，1996年，《北大侠客行》在这些代码的基础上开始运营，它由于服务器当年设置于北京大学东门物理楼的一台服务器上而得名。

而这个游戏一直运营到了今天，它基于武侠的设定一直未曾改变。从一开始，"江湖"的基因就在发挥着影响力。

第二，文字带来了最强的代入感。人的大脑是天底下最厉害的显卡，没有谁的想象力会遭遇分辨率上限的限制。今天大量的新游戏都在追求画质，但靠硬件堆砌出的画质永远追不上大脑给自己勾勒的场景。文字MUD对于场景的刻画，很有一种"重剑无锋，大巧不工"的感觉，恰恰因为全是字，自然也就无法给想象带来多大的限制，这也让玩家像看武侠小说一样，有了极强的临场感与代入感。

如果你真的玩过文字 MUD 游戏，你就会发现游戏的自由度其实不亚于当下流行的很多大作，比如《北大侠客行》经过二十多年的发展变迁，游戏内的场景基本已经囊括了全国各个地区。至于和武侠相关的什么兵刃、内功、心法、派系，更是非常复杂，以至于游戏制作组专门做了一套查询系统，帮助玩家梳理这些元素彼此之间的关系。这种高度复杂的还原让我不得不相信，如果真有一个武侠世界，那它一定是这个样子。

不过，在文化底色和代入感之外，第三个让人们管它叫"江湖"的原因才最重要：江湖的本质，是一系列复杂规则的集合体。而游戏，恰恰就是规则的集中展现。

从《俄罗斯方块》里消除一行方块的简单规则，到《钢铁雄心》中，指挥你的军队，调动你的物资，合理安排战略的复杂规则——造就游戏的不是声光电元素的堆积，而是这些元素在某些规则下的有序组织。

当年的文字 MUD 之所以获得了"江湖"的名号，也是因为同样的道理，并不是因为里面有拳谱剑法，它就成了江湖，是因为其中种种元素的组合与关联用的是高度江湖化的规则，它才成了江湖。

如果你用《连连看》的规则去生硬嵌套《侠客行》，把剑谱和剑谱连起来的时候，两个剑谱都会消失，那你肯定不会觉得这是一个江湖。

你甚至可以把游戏理解为规则的集合，就像麻将的本质，是将 13 张牌按某个规则进行组合，谁先组合完成谁就获胜一样（当然，有的情况下获胜的条件不是这样，这也是一种特殊规则）。游戏的本质，也是把其中的元素在或多或少的规则下进行组合。

规则少不一定不好玩，《俄罗斯方块》就是好例子；规则多也不一定好玩，很多游戏"上手度"太差，在太多奇葩规则的制约下，玩家根本就玩不明白，于是浅尝辄止，果断"弃坑"。

规则沟通的思量

游戏的规则纷繁复杂，我们该如何与孩子探讨呢？

擅长将游戏和学习融合在一起的教育家凯蒂·萨伦提出的对于游戏规则的区分，可以给我们提供一个很好的和游戏玩家沟通游戏规则的线索。

第一类规则叫作底层规则。底层规则并不是游戏的根本规则或者根本目的，它其实指的是游戏直接平移的一些日常生活中的基本规则，比如水就是拿来喝的，匍匐前进速度会比较慢，在足球比赛中把球踢到对方门里就算得分。

当你在孩子的游戏中看到一些自己能够很通透地理解的事物时，我建议你不要太多地讨论和提问。如果你在孩子的游戏中看到一瓶明显用于饮用的水，问他"你喝了这个是不是就不渴了"，八成会收到一个白眼——这个问题有点太弱了。

第二类规则叫作操作性规则。现在让我们假设你看到的不是一瓶饮用水，而是一个球型瓶，里面放的是翠绿色的药剂。这个药剂在现实的日常生活中恐怕并不容易找到原型，于是在不同的游戏里，同一个道具完全可能有不同的功效。在甲游戏中，这可能是一瓶毒药，谁喝谁完蛋；在乙游戏中，这可能是隐形药水，关键时刻让你遁入无形；在丙游戏中，这又完全可能是瓶解毒药，平时喝了没意义，但关键时刻能救命。这些规则，依然是在游戏内设定好的，被写死锁定在程序里，在甲游戏中不管你怎么喝，也不会起到在乙游戏中的效果。

对于这一类规则的讨论，往往会得到来自游戏玩家更热情的回应和更友善的交流，因为从某个角度来说，这已经上升到对于该游戏的专业讨论的层次上。

我家大儿子非常喜欢玩一款叫作《要塞》的老游戏，原因很简单：在这个游戏中能造出很好看的城堡。

但毕竟罗马不是一日建成的，要想造出好看的城堡，就必须有石材，这就需要挖掘石矿。而石矿工人要吃面包，我们就需要先搞定麦田、磨坊和面包房。那些木质建筑需要木料，我们就要安排伐木工人去砍树。与此同时，还要安排猎人去狩猎，以解决在面包出现之前大家饿肚子的问题。

这一系列操作，都依托于游戏内部设置的"操作性规则"。而结合这些规则，我和孩子的交流也非常棒。一开始他只想要个宏伟的城堡，后来他发现要造城堡的话，还需要大量的前置工作。依托彼此的交流，我们才一步步让整个村庄运作了起来。

我非常建议家长多和孩子谈谈游戏的操作性规则，也就是让这个游戏不同于真实生活和别的游戏的规则。这种对于当下游戏"非凡之处"的敏感，能给你和孩子的交流提供更好的切入点。

第三类规则叫作自发性规则。游戏里有一些规则本没有强制设定，但是玩家会以个人或集体为单位去自觉遵守，这就叫作自发性规则。

比如我曾在《魔兽世界》中扮演一个法师的角色，有一个比较独特的技能，就是用魔法制造出食物和水，而这些饮食在接近零成本的同时，还可以交易给其他玩家——目前为止，这些都还属于操作性规则的范畴。

服务器里有很多法师，大家都难免会在冒险旅程中遇到别的玩家来要吃喝，这时候，自发性规则就开始发挥作用了。我是来者不拒地完全赠送，如果对方出于礼貌给我几个金币，那我也不拒绝；有的玩家会明码标价，不给够价钱就不卖；有的玩家嫌麻烦，搭理都不会搭理，直接绝尘而去；还有的玩家看心情，心情好了就白送一大堆，心情不好也有可能骂对方几句。

不管你想不想帮这些旅途上偶遇的其他玩家，当你和别人组队一起玩时，基本所有人都公认法师应该免费提供全队所有人的饮食——哪怕脾气再大的法师，也不太可能忤逆这种人群中的潜规则。

游戏对于这种情况下怎么应对没有任何约束，但玩家自我生成了一种属于自己的规则，这就是第三类规则。

家长很难和孩子聊到这一类规则。并不是因为孩子不想聊，也不是因为家长不愿聊，而是因为凭绝大多数家长对于游戏的理解，根本就意识不到这些属于玩家群体自己的规则。这就导致这些规则会成为亲子沟通时的"思考题"，没做出来无大碍，做出来就会有加分。

只要对游戏抱有包容的态度，能够好好观察孩子的游戏内容，有心的家长就能够很好地和孩子交流这些游戏中的有趣规则，甚至谈谈孩子某些很有自我特色烙印的行为背后，有着怎样的真实想法和态度。

没有交互，管理无从谈起

交互：由表及里的包裹感

在游戏这个话题上，和孩子聊规则，我们聊的是"怎么玩"的问题；

聊交互，我们聊的是"玩起来感受怎么样"的问题。

好玩的游戏能够激发人的投入欲，投入精力、思考、体能，当然，还伴有时间和金钱。不好玩的游戏有很多种，但有一个共同的特点，就是让你不想再继续投入下去。如果把玩游戏类比成谈恋爱，很多坏游戏就是那个能逼着你和他/她分手，还激发你这样的想法的恋人："你喜欢我哪一点？我改掉行不行？求求你放过我。"

在我有限的恋爱经历中，我最怕的就是这样的恋人：面对交流，她只有消极的沉默，不回应，不答话，不表达，谁都能看出来她不太对劲，但她对你说："别理我，我没事！"可一旦你真的不理她，很快就又能感觉到有两束凌厉而充满恨意的目光盯着你。这是交互性差最典型的表现，人和游戏其实差不多。

很多游戏给你带来的主观感受其实不一定积极，比如一些恐怖游戏，但是它给你带来的主观体验其实还是不错的。因为有比较好的交互性，它让你能更全面和深入地去体验游戏所试图营造的环境。

学界将游戏交互大致分为四个类别，最底层是单一反馈，就像一个宝箱，不管你什么时候打开，里面都有某个确定的道具；高一层是双向反馈，比如游戏里的NPC给你两个选项，你的选择不一样，剧情的走向也会有区别；更高一层的交互，是玩家可以自主决定提报给游戏的信息，比如在游戏里盖一栋有个人特色的房子；而最高层次的交互，是游戏可以分析并反馈玩家具有个人特色的输入内容，比如游戏自动分析了你的房子，然后为你提供独特的访客。

可绝大多数家长与孩子都不是游戏设计师，从这个层面去拆解游戏中的交互，往往不能实际地解决现实中的问题。

不妨把交互性想象成游戏与玩家之间的数据线，它们互相传递信息，时刻互通。你要清楚的是：游戏通过交互给玩家提供了一种由表及里的包裹感。在外，它提供了可视化、能听见的大量信息，孩子也在敲击键盘、点击鼠标。而在内，它也激活了玩家的心理感受，包括求知欲、征服欲、审美感。

不妨一试

在游戏交互层面上的亲子沟通，我的建议有两点：

第一，如果你的孩子玩到一款在交互上很新颖的游戏，你不妨也跟着试一试，而不要抱着"小孩子玩意儿有什么好玩的"这种态度。这完全有可能成为你们开展一次深度沟通，甚至亲子共游的契机。

曾经有人推荐给我一款游戏《拔条毛》，我非常喜欢。值得一提的是，推荐者本人还曾经因为有轻微的强迫行为倾向求助过我。

我刚下载好，就意识到了为什么这个游戏能得到曾经的强迫症患者的偏爱——拔毛这件事实在是太爽了。整个游戏，就是借用手机屏幕的触控功能模拟拔毛的动作：这种交互虽然简单，但我从没在游戏中见过。

要知道，对于有刻板行为倾向的人、长了痘痘不挤就不舒服的人、看见个毛刺儿就觉得是眼中钉的人来说，这个游戏简直就是一个能救赎灵魂的艺术品。

这个用虚幻系列引擎开发完成的游戏，其核心交互行为只有一个：拔毛。你会拔很多、很多的毛——不同角度，不同长度，不同难度，不同柔韧度。伴随着精心设计的画面、震动效果和音效，快感一波胜过一波。有那么几根毛，拔得我自己都起了鸡皮疙瘩。

这个游戏在 ios 应用市场获得高达 4.9 的评分，并在 2018 年腾讯创意大赛中获奖，的确实至名归。

我爸看我玩得起劲，问我干啥呢，我回答："拔毛呢。"

他完全不能理解这种游戏的乐趣所在：二十年前，我玩《魂斗罗》，他能理解；十年前，我玩《魔兽世界》，他能理解；一年前，我带着他孙子玩《马里奥赛车 8》，他也能理解。那些游戏，虽然他不玩，但他起码能理解好玩在哪儿。

今天，我在手机上拔毛，他理解不了。我对他说："你玩了就能理解了！"

好在他对这种尝试有着开放、包容、热情的心态，并不觉得这是什么上不得台面的事情。五分钟后，他一边兴致盎然地拔毛，一边摇着头说："哎呀！现在的游戏，实在是太无聊了！"

我们都经历过这样的场景：孩子在吃饭的时候，不愿意吃某道以前没吃过的菜。这道菜可能是鱼腥草，可能是"苍蝇头"，也可能是皮皮虾。可能在吃这件事上，番茄炒蛋是孩子的舒适区，而皮皮虾只会让他想到昨天看的科幻电影里的大虫子。

而绝大多数家长，都会一个劲地规劝孩子："你要勇于尝试新鲜事物啊！你不吃怎么知道不好吃呢？"

同样的逻辑，也适用于家长和孩子聊游戏，只不过角色会反过来。但很少有孩子会成熟到对跟家长说："你要勇于尝试新鲜事物啊！你不玩玩怎么知道不好玩，没有意义呢？"

当孩子和游戏有一种新鲜的交互时，与其一上来就嗤之以鼻地报以反感，倒不如亲自体验一下。这样，亲子交流才有了天然的破冰契机，当下的良好沟通和未来的游戏管理也就有了切入点。

当然，并不是所有的新鲜交互都是好的，正因为如此，我们更要关注到孩子在游戏中采用的交互形式。

所以，**我的第二点建议就是交互方式是我们需要重点管理的地方，在这方面的无知，会直接导致管理上的缺失。**

中国各个城市的大型商业中心里，最近几年突然新兴一种独特的店铺，它一般不叫电子游戏中心，或者其他传统的和"电子游戏"相关的名字，而是拥有"奇幻体验中心"或者"6D全仿真空间"一类噱头十足的名号。至于其本质，其实是一个VR（虚拟现实）体验馆。

VR技术是最近几年很热门的娱乐用科技新领域，你只要佩戴一个眼镜，就可以进入一个全环绕无死角的虚拟空间，不少软硬件厂商都开发了以这种技术为核心的游戏内容——比如游览海底或者星空、体验当巨人的感觉、感受在高空中走钢丝，以及置身仿真的枪林弹雨中。这些技术挺好，游戏也不错。

每次在商场看到有七八岁的小朋友在这些VR体验馆里戴着沉重的VR眼镜时，虽然他们往往看上去挺开心，可说实话，我自己内心并不好受。因为很多家长并不知道，这样的交互方式其实并不适用于低龄的孩子，而无良商家在营销方面往往明知故犯地淡化其风险，对此也缺少有效的监管。让太年幼的孩子使用VR设备，是可能造成晕眩、呕吐，甚至视力下降、认知混乱和癫痫的。

在几款主流的民用级别 VR 设备的说明书里，对其软硬件适用的年龄都有明确标示：Oculus Rift 和三星 Gear VR 都建议使用者需要超过 13 岁；索尼 Play Station VR 的推荐年龄则是 12 岁以上；HTC View 强调自己本身不是面向低龄人群设计的，并表示儿童不应该使用该设备。我家也有 VR 设备，但是我从来不会让我的孩子尝试，因为这会把他们置于不必要的风险之中。

遗憾的是，绝大多数愿意掏一百元左右让孩子体验 VR 的家长，并不知道孩子在使用这些产品时其实面对着健康风险。

对于这种新生发的交互模式，孩子只知道新鲜有趣，而家长更应该知己知彼，而非只扮演掏钱买单的角色。

今天有 VR，明天会有形形色色我们无法想象的新玩意儿给游戏与人的交互带来变革，当然，这也许就意味着新的风险。在这种情况下，你不一定要对游戏中的交互保持警惕，但起码要对这些交互的变革保持敏感。

表达：这才是我

表达与成长

我的大儿子每次看我玩游戏时，问我的第一个问题永远是："爸爸，这里面哪个是你？"

这是个很好的问题，因为它足够具体，也会激起我想回答的欲望。

在不同的游戏里，我儿子收获了"爸爸是谁"的不同答案。也许是一个加勒比海上的商船船长，也许是一个背负使命的江湖侠客，也许是一个罗马城市的执政官，也许是一个正在前往蒙特利尔的火车司机。

看上去，在不同的游戏里我是不同的角色，但这些角色的背后其实很统一。作为玩家，我一直是我自己，所以我才把游戏玩成了和别人不同的样子。

不同的游戏呼唤了玩家不同的自我元素：在冒险游戏中，你要勇敢；在益智游戏中，你要聪明；在模拟经营游戏中，你要够细致……游戏给了你表达的自由与空间，而人又总是有表达自我的需求。不管玩家年龄大小，在这件事上往往一拍即合。

在我看来，游戏中很高的自我表达自由度，也意味着有形成巨大成长红利的可能性。

电子游戏中存在着海量自我表达的手段：给你的角色取名字、帮你的角色确定发型、选择你心仪的游戏职业、在矛盾中展现你的价值观、在竞争中帮自己拉票，等等。

有的游戏因为让玩家有了更多的方式来表达自我而受到欢迎。比如知名游戏制作人小岛秀夫的新作《死亡搁浅》，这个游戏从始至终都由"链接"这个词贯穿，这也是小岛秀夫希望通过游戏向玩家传达的信息：孤立的生存不该得到推崇，人与人之间应该更多地互动、沟通、帮扶和妥协。

游戏的背景是要链接分散的人类群体，共建新的社会组织，而游戏的玩法则是玩家和其他人在游戏里共同探索，交换物资，合作搞基建，逢山开路、遇水搭桥，还要修高速公路。在这样的基本设定下，游戏充满了一种在废土之上搞"村村通"工程的感觉。而这种感觉,让《死亡搁浅》在国内玩家中收获了非常良好的口碑,因为对于很多中国玩家来说,"搞基建"是一种非常棒的表达出口。在这之前,有纯粹的建造类游戏,但是没有让你把搞建造作为表达手段,达到某个属于集体的宏大目标的游戏。

这款游戏无疑击中了大量中国玩家内心的集体主义情结,没准也激活了很多人心中建筑师、桥隧工程师、物流管理师的情怀。于是有玩家带着"想致富,先修路"的心态,开始主动组织、主持修路工程,有的人则热衷于建造具有类似驿站功能的建筑据点,还有的人从跑着送建材一路发展到开着卡车大规模地递送物资。

有一些自我表达甚至可以超越游戏设计者的初衷。比如经典游戏《模拟人生》系列,其本意是让玩家在游戏场景里操纵或扮演某个角色,体验其成长、社交、日常生活的方方面面,算是一个"人生模拟器"。为了增加自由度,游戏向玩家开放了很多建筑材料、装修家具,让玩家可以构造和打理自己的小屋,毕竟"家"是很多人的生命主题,而不同的人对于家在物理环境上的风格要求差异非常大。游戏发行后,还有过几次三番的内容扩充,更多样的建材与家具被加到了游戏里,到了"没有玩家找不到,只有玩家想不到"的地步。

让游戏制作方万万没想到的是,游戏的相当一部分玩家,根本就不在乎游戏里面的"自己"过得怎么样,他们把这个游戏当成了一个上手简单又足够有趣的建筑设计软件。很多人造出了自己在真实世界里不可能买得起,却又真正期待的"家";很多人热衷于复原电影里面的经典建筑及场景;还有很多人家里需要装修,自己又不会用专门的软件,索性就在游戏里做做设计规划,看看大概效果。他们都有一个特点,"不按套路出牌",就不按照游戏真正的初衷去玩。

有的人看到这里，可能会撇撇嘴："玩游戏的人果然都不怎么样，连玩游戏都不懂得按照规矩好好玩！"

不过说实话，电子游戏最大的魅力之一就在这里。你在游戏中找到的表达形式与内容，要在你的现实生活中实现难比登天，同时它也不一定是游戏制作者的初衷所在。

这种在游戏中的表达，其实非常需要家长与老师的认可，因为它能带来两个非常大的好处：第一，让孩子敢于表述自我；第二，让孩子能够更好地定位自我。

孩子不愿意沟通，不愿意表达

很多家长会以为游戏让孩子选择禁锢自我，越来越不愿意沟通和交流，但事实并非如此。真实的情况是，很多孩子本就不愿意和家长交流，然后才选择了游戏作为自我隔绝的空间。

如果我们更好地认可孩子在游戏中的自我表达和向外界表达自己所玩的游戏，孩子会更多地感觉被理解与被鼓励，从而更愿意表达与沟通。

有一次，我去一个线下的网络素养课程授课，项目由腾讯研究院牵头组织。讲课的对象是来自全国各地的 20 个家庭，家长和孩子都在。他们面对的普遍问题是由孩子使用电子产品引发的亲子关系问题。

有一个 13 岁的女生，她的母亲陪她一起来，来的原因是她玩游戏时间太长。这个姑娘给我留下了非常深刻的印象。

当时我抛出了一个问题，希望一位同学或家长和全场所有人分享一下自己最喜欢的游戏和具体原因。这个女生热情地举手，我示意助教递上麦克风。

她非常大方地站起身来，拿过麦克风，对全场的人说："我最喜欢的游戏是《阴阳师》。"

随后，她做了一个情商非常高的举动，向坐在教室最后一排的腾讯工作人员深鞠了一躬，说："对不住了！"

之所以说这句话，是因为《阴阳师》在国内是由网易游戏代理的，而当天的培训其实是在腾讯游戏的主场。这两家之间多少有点竞争的关系。

全场所有玩游戏的人都会意地笑了起来，鼓起了掌，腾讯的员工们鼓掌鼓得最真诚，教室中的氛围立刻变得积极而温暖起来。

接下来，她开始很有条理地告诉大家她为什么喜欢这款游戏。她事先并没有准备，但是讲得非常顺畅自然，也充满说服力。在她身上，你看不到一点"游戏让我家孩子变成了闷葫芦"的情况，你能看到的，是一个小姑娘侃侃而谈她喜欢、了解并投入的一件美好事物。

我想，是这款游戏本身的优秀，以及她对游戏真切的热忱，让她敢于在这样的场合表达自我；同时也是因为在不同的游戏中习惯了进行自我表达，她能更好地将这种能力迁移到现实生活当中。

这种在游戏中的自我表达，甚至成了一种习惯，成了一种对独立性的坚守，以及对于自身价值观的不妥协。要知道，在多元与纷杂的世界中，能够做到这一点，还是挺难的。但这件很难做的事，恰恰可以让玩家在表达的过程中意识到真正的自我。

《刺客信条：奥德赛》是最近几年出品的一款非常经典的游戏，游戏的剧本非常强调玩家"要为自己的选择承担后果"，搭配上海量的主动选择，让玩家有了非常多的表达自我的可能性。

游戏的制作方万万没想到，他们把玩家"惯坏了"。一旦人们习惯了真实而自由地展现自我，就不太容易重新回归到封闭的剧情中了。

在游戏的一个 DLC（Downloadable Content，"可下载内容"）形式的内容追加包里，无论玩家做出什么样的人生抉择，剧情都会让玩家所扮演的主角和某个确定的人组建家庭，并生下一个孩子。结婚是强制的，连对象也是确定的，这种来自游戏官方的"包办婚姻"引发了一些玩家的强烈抗议与声讨。最终，游戏制作方不得不出面道歉，并且修改了剧情。

其实这样的剧情安排在老游戏中简直司空见惯。《超级马里奥》中，马里奥去拯救桃子公主是一个基本的设定，无论玩家想不想救人，都不会影响游戏的进展。可是新一代的游戏玩家并不这么想，他们习惯并喜欢高度自由化的表达——游戏提供了一个空间和舞台，而最重要的是我要做自己。

很多事，你需要体验过，才知道自己喜欢不喜欢、适合不适合、擅长不擅长。

在我们和孩子沟通时，觉得孩子没有好好地提供反馈，就会对孩子发火。但真实的情况是我们往往问一些孩子根本不知道该怎么回答的问题，这些问题其实都落在了他们不熟悉的领域。

比如我的一个朋友问他 6 岁的孩子长大了想干什么，他的孩子给了他一个快速而笃定的回答："想当奥特曼！"

其实我觉得这挺好理解，孩子了解奥特曼，喜欢奥特曼，当然就想成为奥特曼。但我的朋友不乐意，他想让孩子有一些比较"高大上"的理想，所以他追问："你为什么不想当一个航空航天工程师呢？"

孩子不说话了。

他气冲冲地来找我，说："孩子不愿意沟通！不愿意表达！"

其实不是孩子不愿意交流，而是孩子不知道该怎么交流，该说点什么。孩子懂奥特曼，但是可未必懂火箭、平流层、第二宇宙速度，你指望他怎么和你沟通呢？

所以面对这样的问题，他没法说好，也没法说不好，因为他可能都不知道你说的到底是什么。孩子不懂航天，爸爸不懂奥特曼，怎么办？

我给他们推荐了一款叫作《无人深空》的游戏，让他们爷儿俩可以一起玩玩。这是一款自由度极高的太空探索游戏，最大的特点是用随机的方法生成了接近无限个不同的星球。而玩家则扮演一个探索者，在不同的星球之间穿梭，不断提高自己的生存质量。

有的星球极寒，有的星球被火山覆盖，有的星球核辐射超标，还有的星球满是毒瘴。不同的星球上，生物的形态更是差异巨大。而你需要搭配不同的材料和元素，才能提高生存概率，改造自己的飞船，以及参与星际贸易。

这款游戏虽然没法直接教会孩子第二宇宙速度是什么，但起码能让孩子理解"航天"大概是什么样子的，让父亲的态度与期待有了影响孩子的可能性，让孩子了解与感受自己到底喜不喜欢这件事物，更让亲子之间的互相表达有了一个平台。

玩了半个月后，孩子虽然依旧喜欢奥特曼，但也对《无人深空》里面自己的飞船念念不忘，已经成了一个小小的"航天工程师"，还顺带学到了不少化学元素，算是他爸爸"无心插柳柳成荫"的收获吧。

规则、交互和表达，构成了游戏最重要的内核，而了解这三个元素，可以帮助家长更好地找到管理孩子玩电子游戏的切入点。不管是和孩子探讨游戏里的特殊规则，还是讨论新颖的交互方式，抑或是就游戏这个话题进行自我表达，都是很棒的选择。

不过，做好对孩子的游戏管理，让电子游戏更好地服务于孩子的成长，并不是一件"说说而已"的事情。除了和孩子"聊游戏"之外，帮孩子好好地"选游戏"，不让低端的电子游戏浪费孩子宝贵的成长资源，同样也是家长的必修课。

答｜疑｜时｜间

"我不反对孩子适当玩游戏，但我担心孩子在游戏里跟别的孩子学坏！"

这的确是个不容忽视的问题，毕竟我们管得住自家孩子，却管不住别人家的孩子。每个家庭对于游戏的态度不一样，对于孩子言行举止的约束也有差异，这当然使家长不得不防范，以免孩子在游戏中受到太多负面影响。

不过我倒是认为，家长想要的方方面面优质的好环境，一来不容易达到，二来水至清则无鱼，就像太干净的环境无助于免疫力一样，过于完美的同龄人交互，其实也不一定能让孩子舒服。所以说，只要是孩子能处理好的环境，就是有价值的好环境。孩子与同龄人打交道时，请不要干预太多，因为早晚有一天你会干预不到孩子究竟和什么人打交道。

"孟母三迁"固然有道理，但是在三迁之前孟子接触到的那些贩夫走卒、混得不怎么样的人，我坚信，对于孟子的成长也同样是有意义的。你在环境中碰见的人不一定是你的效仿对象，还有可能是你警醒地提醒自己永远不要成为的那种人。

如果"第三迁"的目的地具有绝对的影响效力，那孟子进入的那个"高端圈子"，怎么只出了这么一位伟大的思想家呢？归根结底，更多还是看个人。

回到孩子在游戏中可能碰见各种人的问题，我建议家长可以和孩子聊聊，了解一下孩子能不能"处理好"这些人际关系，有哪些他自己也拿捏不准的事情发生，或者有没有人给他带来直接的困扰。

如果孩子无法处理，或者孩子说的一些情况可能带来超过他的认知能力的风险，我们当然要出手保护；而如果孩子本身就明辨是非，也知道在复杂的关系中辗转腾挪，那也未尝不是一件好事。

"孩子在游戏里组建小团体，还花了很多时间在这上面，我该不该担心？"

如果一个孩子连自己都管不明白，又怎么能管好一个组织呢？

组织的运作本身就强调有序、合作与分工，孩子在班级足球队当队长和管理一个游戏社群，并没有什么本质上的差异。

我也曾经在游戏中有过管理小团体的经历。

我这个人其实从来没在某个组织中做过正经的管理者。我当过的最大的领导，就是初中时的小组长，当了不到48小时，就因为管理组员不到位，被班主任撤职了。上班以后也是同样，从来也没有管过班子或带过团队。

但我不承认自己没有管理经验——毕竟当年在某款网络游戏中，有着一个不大不小的公会，叫作"情无二"，我做过一段时间的副会长。

这段经历，我一直认为是财富。因为它看似只是游戏，但实际上和企业中的团队管理有着高度的相似性：你要合理安排团队活动的内容、时间；做好后勤工作；管理好给几个特殊贡献玩家的补助；管理好团队的DKP（屠龙点数，可以简单理解成在游戏中按时出勤并做出贡献后所得到的专门货币）；分装备的时候要考虑如何不得罪人；甚至团队成员闹矛盾了，还要负责调解。

这工作挺忙，也有趣。但最让我开心的并非游戏内容，而是一种我从来没有体验过的社会价值感。人们在打法、技术上有困惑会找你；人们手头缺了点游戏货币会找你；人们有了点矛盾，需要个中间人两头说话时也会找你。相应地，你也会收获很多朋友。他们和我的关系或许没有那么好，但是，大家彼此都很有点快意恩仇、江湖交道的意思。

当然，团队的管理肯定不可能是一帆风顺的，挑战、质疑、矛盾时不时都会出现。但唯有真心地去投入，你才能收获来自其他玩家的信任感和价值感。而这种人际价值的加持，是让我最开心的事情。

我不建议家长劈头盖脸地否定孩子在游戏社群中的付出与工作，但我非常认同家长应该和孩子聊聊这方面的注意事项，以免好事变坏事。

在线上游戏社群这件事上有一个基本的界限：它不应该成为其他生活事件受影响的理由。

比如，你可以把游戏中的工会资金分发给主力成员，但你不应该把爸妈给你的零花钱兑换成游戏里的货币，来分发给你找来的那些"打手"。

再比如，很多松散的游戏团体会随着时间推移变得越来越聚焦，最核心的圈子里只保留某几个关系最要好的人员，这个时候可能就需要付出更多的时间、金钱，才能挤进这个圈子中，但是如果这么做会影响到孩子的学业、睡眠或者其他爱好，我们就需要帮他好好评估一下利弊。

还比如，大量游戏里的社群其实并不稳定，人们来了又走，甚至因为一点小小的原因就可能散了摊子。对于孩子来说，不管他是管理者还是参与者，由于没经历过，很可能不太理解这种"人间冷暖"与"世态炎凉"，会为此变得沮丧、难过。帮他理解这些其实很正常，同样是家长在沟通中的责任。

第 5 章

如何帮孩子选一款好游戏

让孩子玩他喜欢的好游戏

读完前面的章节,我想你大概已经有一种跃跃欲试的冲动,想回家和孩子一起玩玩游戏了吧?

但是,从哪个游戏开始呢?

对游戏的喜爱就像吃饭的口味一样,比如甲爱吃川菜,乙没准儿就爱吃粤菜,甲可能没那么喜欢粤菜,可起码不排斥,但乙却完全不能理解天底下为什么会有人爱吃川菜。

同样,在爱玩什么游戏这件事上,玩家与玩家彼此高度独立,认识不一。

这种复杂性好像给家长做游戏管理工作带来了不小的难度：家长既要顾及孩子的喜好与需求，又要做出自己的管理决策。

听上去复杂，但落到实践中，其实只有一个指导原则："让孩子玩他真正喜欢玩的好游戏。"既然如此，从两个角度分析即可：第一，孩子爱玩什么？第二，什么是好游戏？这其实是两个基本问题。

你的孩子爱玩什么

我从没见过两个玩家在彼此喜欢的游戏上完全雷同。

玩游戏这件事非常看眼缘，它有点像爱情，没法强求。就算你对面的是个无可挑剔、要啥有啥的人，你也不一定会爱上他。

如果你明白这个道理，你就能理解，在给孩子选择游戏时最该重视的，是要让游戏迎合孩子主观上的需求——因为一个人真的很难被迫喜欢上一款游戏。

玩自己真正喜欢的游戏时，是一种什么状态呢？

不管是孩子还是成人，在玩电子游戏时，都可以进入一种"高度投入"的状态，也就是我们之前提到的"心流"。从认知心理学的角度讲，这种状态主要得益于两种元素的组合：意愿和喜好。说得通俗一点，就是对游戏的投入度等于想玩这个游戏的程度加上爱玩这个游戏的程度。

这就有点麻烦：你觉得好的游戏，不一定能够击中孩子的甜蜜点，可能要么激发不了他的意愿，要么迎合不了他的喜好，甚至在一些情况下可能招致孩子的厌烦。

怎么办呢？说实话，没什么好办法，只能靠摸索。一个玩过很多游戏的老玩家，一看到某款新游戏，大概就知道是不是"自己的菜"。同理，在亲子共游的过程中，和孩子一起玩得多了，差不多也就能摸明白孩子的秉性了。

孩子对游戏的偏好，就像有的孩子爱吃西兰花，有的孩子却爱吃西红柿一样，不过只有真的吃过以后，才知道自己真正喜欢什么。孩子对于游戏也有偏好，只有让孩子广泛尝试，才能真正找到喜欢的类型。

如果不广泛尝试的话，孩子很有可能在选择玩的游戏时遭遇太多的外界裹挟。比如说，某款当下正流行的游戏也许并不符合我们对于亲子共游的基本要求，它之所以流行，可能是因为发行公司花了大量的经费推广，或者内容上足够哗众取宠，甚至可能采用了某些处于灰色地带的推广手段。

当一个对电子游戏接触有限，而且游戏资源受到高度管控的孩子，猛然遇到这么一款说实话并不怎么样的游戏时，就有可能突然沉溺其中。一是因为他们平时没怎么接触过电子游戏，所以缺乏区分好坏的基本鉴赏能力，就像完全没有了解过绘画艺术的人，很难理解莫奈的画好在何处；二是因为他们在日常生活中玩游戏被过分管控，容易出现报复性的沉迷，就像饿急了的人一口气可以吃上十几个包子，撑出毛病来。

为了避免孩子日后在面对某些不怎么样的游戏时被引诱，我们必须先把孩子在游戏上的口味养的"刁"一点，让他对于自己和游戏的关系有个良好的认知起点，这样才能更好地规避未来的风险。

比如我家大儿子，我现在大概知道他对于火车和建造这两个元素很感兴趣，但是对于球类与益智类的游戏兴趣就很一般了。

"富养子女"

作为家长，我们首先要注意：孩子长时间非常喜欢且只喜欢一款游戏并不是一个好消息。

如果一个家长带着自己爱玩游戏的孩子来找我，而我在和孩子沟通时发现他玩过不少好游戏，而且对于游戏行业的发展有着足够多元化的认识，表达得当，也有正常的社交活动，那么我就不会有太多的担心。

但有一类孩子的问题往往比较棘手：他连续多年只玩同一款游戏，没有节制，甚至不是出于什么正当的目的，而更接近于一种强迫性行为，更重要的是，他本人的生活受到了负面影响，比如睡眠不足、饮食不规律和缺少社交。

我们可以把这种问题理解成一种和"偏食"差不多，但是对孩子负面影响更大的挑战。造成这种情况的原因往往是三个要素的集合：当事人真的很喜欢玩这款游戏、需要依靠这个游戏来逃避现实生活中的问题，以及接触其他游戏的资源很有限。

曾经有一位五十多岁的母亲向我求助，说她29岁的孩子天天在家玩游戏，工作不上心，恋爱不想谈，让她很头疼。

我和她的儿子谈了谈，说实话，我觉得如果我是他，我的表现可能也好不到哪里去。

他玩的是一款十几年前的老游戏，在当年算是经典，他的确很喜欢，但这并不是导致问题的最主要的原因。

最主要的原因，是他作为一个即将进入而立之年的男性，却丝毫看不到自己"而立"的可能性。他在研究生毕业后就进入了父母一手安排的非常稳定的工作单位，工作不怎么忙，但也没什么成就感，在他看来不过是混日子、熬资历而已。与此同时，他的妈妈也高度限制了他的生活半径，他住在父母家里，收入也如数上交，因为父母"要帮他攒婚房钱"。父母对他的自理能力并不信任，包办了他的衣食住行，所以他每天回到家后总是处于无所事事的状态。在这样的情况下，父母还经常埋怨他，说他不够上进与拼搏，而且还不着急自己的终身大事。在他看来，他的妈妈来找我，甚至也带着"我的儿子什么都办不好，这种事我要找人来帮他搞定"的意味。不胜其烦的他，又没有物理上的空间可供躲藏，所以只能依靠游戏营造一个属于自己的空间。此外，因为时间与金钱的高度不自由，他也无法很好地外出参与同龄人的社交，采购新的游戏软硬件也不太可能。

有一款自己喜欢的经典游戏、父母的高压管控，以及没有资源进行自主决策，这三个原因加起来才造成他当下的问题。而这几个原因里，最主要、最棘手的很明显并不是游戏本身。所以我给他和他母亲的建议，并不是强迫或规劝他停止玩游戏，而是让他搬离父母的居所，尝试开始和原生家庭保持健康的距离与关系。

真正开明与信任孩子的家庭，往往并不会受累于养出一个"网瘾少年"，因为吃过满汉全席的人大概率不会沉湎于鸡蛋灌饼。

如果你的孩子很长时间只玩一款游戏，还非常沉迷，那你就要小心了；但如果你一开始就能给孩子足够的机会与空间去接触更多样的游戏，给孩子更多自主选择的可能性，那么你就是在玩游戏这件事上"富养子女"。先见够了世面，养成了口味，孩子日后面对的诱惑与挑战就会少很多。

但你可能会挠头：我本人并没有怎么玩过游戏，怎么才能让我的孩子在这方面有个好的开始呢?

作为家长,你首先需要了解电子游戏的大概分类。

游戏其实有很多种

电子游戏是个非常庞大的产业,就像电影有喜剧片、动作片、科幻片等分类一样,游戏也有不同的类型。当然,就像有的电影是"动作科幻片"一样,有的游戏也兼具多种特质。

总的来说,当下比较流行的游戏从特质上区分,有如下几个类别。

第一人称射击(FPS)游戏

如果你发现你家孩子正在游戏里拿着一把枪"突突突",而准星在屏幕正中,那他大概率就是在玩一款 FPS 游戏。在 20 年前,你可能听说过《半条命》(*Half life*)或其衍生作品《反恐精英》(*Half life : Counter Strike*),甚至可能你自己也上手玩过。它们都属于这种游戏类型。

FPS 游戏往往非常考验玩家的手眼协调能力,这决定了他的枪法如何;也考验玩家的策略制定能力,这决定了他能不能依靠精准反应绝地反扑,以少胜多。这类游戏往往有着非常火爆的场景和飞快的游戏节奏,枪林弹雨、机甲坦克、空袭轰炸,都让游戏场景既紧张又刺激。

作为家长,你要注意的是:FPS 游戏是过度暴力情节的重灾区,很多游戏里的战争场景和冲突场景,的确不适合低龄人群;但也有好消息,这类游戏中盛产经典大作,游戏好玩,情节跌宕,也引人深思。像《使命召唤》系列、《荣誉勋章》系列均是与历史事件和军事有关的作品，《泰坦坠落》《光晕》和《质量效应》系列则走的是科幻奇想风格，不管讲述的是怎样的故事，它们都非常有激发人投入游戏的魅力。

大型多人在线角色扮演（MMORPG）游戏

在这种游戏中，海量的玩家汇聚在一个服务器中，在同样的世界背景下共同战斗，彼此社交，甚至有玩家与玩家之间的真实冲突。在这些游戏里，玩家都需要扮演一个角色作为自己的"替身"，击败敌人、提升等级并与其他玩家合作、竞争。

在 21 世纪初，大街小巷的网吧里几乎所有的电脑上都有两个游戏，一个是刚刚提到的《反恐精英》，另一个就是 MMORPG 游戏在那个年代的翘楚《传奇》。它的影响力大到什么地步呢？2009 年，我在贵州的山区支教，教初三年级的英语。当时一个爱玩《传奇》的后进生，平时上课都琢磨着怎么能早点溜到网吧去，突然有一天变得认真努力起来，我想问问是什么事让他"顿悟"了。我万万没想到，他告诉我："我爸答应在我中考之前每天替我去网吧玩两个小时《传奇》练级、打装备，我没顾虑了，所以才好好学习。我爸说他替我好好练号，等我上完学了再给我。"我并不是说这位父亲（据我所知，他是个鸭贩子）解决孩子学习问题的方法值得推崇，我想表达的是，这类游戏的渗透力是非常强的，而我们总有比"不许玩"更好的手段去管理孩子玩游戏。

直至今日，你浏览网页时，依然很容易看到各路明星在给从《传奇》衍生出的各种"复活版"游戏做广告。其实，这个游戏对很多今天已经年近半百的人来说，基本上等于他们所有的电子游戏经验。除此之外，这些人如今有了当年刚玩这个游戏时还不具备的付费能力，所以"一个游戏过时多年，现在靠盗版居然还能挣到不少钱"就成了中国游戏圈的一个怪现象。很有点"魔幻现实主义"色彩，不是吗？

MMORPG 游戏的佳作不断，不管是魔幻题材的《魔兽世界》、武侠题材的《剑侠情缘网络版 3》，还是科幻题材的《星球大战 online》，都有很多可圈可点的地方。

这种游戏的优势在于给孩子提供了一个非常复杂的系统去理解和处理。这个系统中可能有战斗、等级、职业、装备、魔法、阵营、货币、公会等元素，是所有游戏类型中复杂程度最接近真实世界的。所以它带来的挑战与锻炼也很接近于真实世界。孩子们必须规划好自己的短期目标与长期目标，了解自身角色的优势与短板，在和他人的合作中不拖后腿，调整好对于角色发展的预期，甚至需要在玩家组织中扮演好管理者的角色。这些事情在善加利用的情况下，都有可能让孩子得到相应的成长。

然而"成也萧何，败也萧何"，恰恰因为游戏的内置系统过于复杂，MMORPG 游戏也容易滋生很多孩子处理不了的问题。如果游戏中的另一个不知性别的玩家向你家 13 岁的孩子表白，该怎么处理呢？如果孩子在游戏中被其他人辱骂或者霸凌，我们能帮上什么忙呢？如果孩子的角色频繁地被其他玩家击杀，孩子情绪很沮丧，我们又该如何与孩子沟通呢？这些问题我们会在本书其他部分专门讲，现在你只需要注意到 MMORPG 游戏存在风险即可。

动作（ACT）游戏

这是一类比起持枪射击更关注角色的闪转腾挪，再加上一点解谜色彩的游戏。对于在 1990 年之前出生的人来说，他们所熟悉的《超级马里奥》

和《魂斗罗》俱属此类。比起正面的冲突，这类游戏更强调跳跃、奔跑、对障碍物的躲避、解决谜题。

这类游戏非常考验玩家思维的敏锐度与反应的敏捷性，让玩家很有投入感。很多游戏也会用电影式的表述手法，安排任务、串联剧情、展现角色。这就构成了当下的 ACT 游戏和之前《魂斗罗》们的最大区别之一：在叙事手法、技术手段的加持下，这些游戏比二三十年前的游戏能更好地展现出一个非常优秀的故事。

比如《刺客信条》系列、《古墓丽影》系列、《波斯王子》系列，在情节安排与角色塑造上都可圈可点。当然，这也直接导致不少玩家会把 ACT 游戏里的角色当作自己的虚拟偶像，如果你在孩子的卧室看到游戏角色的海报，或者看到孩子的笔记本电脑外壳贴了一张游戏里的角色图，而且这些角色一脸冷峻与严肃，那他大概率是某个动作游戏里的核心角色。

不过值得警惕的是，部分 ACT 游戏并不适合低龄人群，原因很多——也许是因为比较血腥的暴力行为，也许是因为游戏中的人物交互有着太多对成人世界的模拟，也许是因为剧情中探讨的东西过于深刻复杂。

有一次，我在一个与游戏相关的工作坊中授课，当谈到自己欣赏的游戏风格时，一个 14 岁的男生很热情主动地开始介绍一个 ACT 游戏中的角色。我立刻礼貌地打断了他，因为他所讲的这个游戏在游戏分级系统中并不建议 15 岁以下人群玩。坐在旁边的他母亲一脸惊诧，因为她根本就没想到，原来这个孩子天天挂在嘴边的游戏的制作方和游戏产业其实一开始就说明了，这个游戏并不适合她的孩子。这个游戏分级的系统，我们在下一章中会专门加以解读。

即时战略（RTS）游戏

在前面介绍的这几个类别的游戏里，玩家都相对固定地扮演一个角色：怀有复国大志的王子、勇于挑战权威的骑士或者追求终极智慧的法师。但在 RTS 游戏里，玩家往往没有一个固定的角色，视角被陡然拉高，俯瞰全局。你是整个战场的指挥官、整个战役的司令员，你要做的，是安排生产、研发装备、调兵遣将，以及组织安排各种战斗，不管是短兵相接还是大规模的军团冲突。

"指挥一个阵营，打赢一场战争。"这应该算是对 RTS 游戏的一句话介绍了。

《星际争霸》《帝国时代》和《命令与征服》（国内家长更熟悉《红色警戒》，它其实就属于《命令与征服》系列）是早期比较经典的 RTS 游戏。后来，《魔兽争霸 3》也一度吸引了很多忠实玩家。

作为家长，你要知道：这种游戏非常考验孩子对于多个目标的跟踪操作能力。因为作为一场战争的枢纽与大脑，你要操心的事情实在太多了：后勤、兵种、敌方的动向……所以你需要同时兼顾很多件事，才更有可能获得胜利。最优秀的 RTS 游戏玩家每分钟需要敲击鼠标及键盘 300 多次，以下达并调整指令。

但这个在游戏发展史中有过高光时刻的游戏类型最近几年的发展并不顺利，远远没有之前那么流行了。它现在的发展趋势大概是两个方向：一个是做减法，向移动端发展，经过优化和简化，逐渐转变成手机游戏。以《部落冲突》和《皇室战争》为代表，现在很多流行的手机游戏中，依然能找到当年 RTS 游戏的影子。另一个是做加法，进一步拔高视角，变得更加接近军事模拟游戏，甚至更加接近政治与国际关系模拟游戏，比如在《全面战争：三国》和《钢铁雄心》中，也能体会到 RTS 游戏的内容。不过，这些游戏会涉及更多的复杂元素和参数，需要玩家兼顾的内容会更多。

益智休闲游戏

如果你在手机上玩过《斗地主》，那你就是一个益智休闲类游戏的玩家。

从几年前爆火的《2048》和《植物大战僵尸》，到规则简单、经久不衰的《宝石迷阵》和《连连看》，它们彼此的规则截然不同。《2048》是一款让数字有序求和的游戏，《植物大战僵尸》是一款阵地防御类的游戏，《宝石迷阵》里三个同款宝石连成直线就会消失，而《连连看》则要既快又准地将两个相同图案做匹配，但它们全都属于益智休闲类游戏的阵营。家长们普遍喜欢把它们叫作"小游戏"，的确，这些游戏往往短小精悍，通关所需的时间不长，或者根本就没有所谓的通关。你没听说过谁通关了《俄罗斯方块》或《贪食蛇》，不是吗？

在我看来，益智休闲游戏的好处在于它们的多样性很强，你很容易在这类游戏中找到新鲜好玩的有趣元素。《愤怒的小鸟》刚开始流行的时候，大家沉醉于用完美的抛物线击中所有敌人，但很快人们的注意力就被截然不同的东西吸引走了：比如《纪念碑谷》中奇特的空间转换，或者《神之折纸》里的色彩变化。

你总能在海量的益智休闲游戏里找到自己喜欢的那款，也总有这一类型的新作给你带来新奇有趣的感受。

但家长们需要注意：恰恰因为益智休闲游戏便携性好，可及性强，每一局的单位时间短，这类游戏可能会在不知不觉中消耗掉太多的时间。这也是为什么很多家长其实也有沉迷于这类游戏的迹象，因为你没什么大块的时间玩大型游戏，但是在开会无聊的时候，偷偷拿出手机来玩一把麻将的时间和胆量还是有的。

它们太"短小精悍"，很匹配现在人们消费碎片化时间的需求，所以只要你有两三分钟时间，就可以很方便地玩一局。加之大量的益智休闲游戏现在都以手机作为游玩平台，玩家很容易在不知不觉中养成这样的习惯：稍一有空就拿出手机玩一局。它们很好玩，但是它们对于孩子及成人每天生活中碎片时间的侵蚀，我们依然需要警惕。

体育游戏

这是与现实生活最具彼此迁移效果的一类游戏。不管你在游戏里是多么优秀的巫师，在现实中你都没法挥动魔杖施放咒法；但如果你真的很擅长某项运动，那么在这项运动的电子游戏中，你八成会有不错的表现。

我有一个当司机的哥哥，最喜欢、最了解的东西就是汽车。猜猜他最喜欢的游戏是什么？就是强调驾驶乐趣与竞速，还原真实世界中的大量汽车，还能改装车辆的《极品飞车》。

我还见过一个在校足球队里司职前锋的中学生，他不仅在球场上展现球技，还在《实况足球》里大杀四方。在和他交流的时候，他对我说，真实的球场和虚拟的球场其实是互通的，校队教练教的技术，他可以在游戏中先练习一下；而游戏里有些灵光一现的配合，他也可以在实战中和队友共同使用。这种交叉练习其实很有几分科学道理，因为大量的心理学研究发现，玩家在游戏中做出某种动作的时候，大脑中与真实做出相同动作有关联的神经元也会被激活，这也是为什么有的人玩运动类游戏时会一边玩一边扭动身体，就是因为他们在生理层面上也是真正地在"用劲儿"。

除此之外，这位《实况足球》的玩家还告诉我，他非常高兴能够在游戏里真实地操作那些球星，或者建立自己的游戏形象，加入某支队伍，和自己的偶像合作。他非常喜欢梅西，觉得玩游戏让他"不再是梅西的粉丝，而变成了梅西的队友"。

体育游戏在欧美市场一直都有不错的销量，因为这些国家往往对篮球、足球、冰球、橄榄球、棒球，甚至搏击运动都有比较深的社会认知程度。这个类型的游戏也在不断地探索更多新鲜领域，比如借助体感来模拟高尔夫球或者网球、利用虚拟现实技术来创造三维空间中的立体竞速，或尝试将其他之前没有选择过的运动作为游戏主题，比如《极限巅峰》这款游戏就选择了多种雪上极限运动作为内容，包括双板滑雪、单板滑雪、滑翔伞、飞鼠装滑翔，甚至还有一点雪地登山的元素。

不过，体育游戏在国内一直相对小众，曾经有很多经典的竞速游戏，但是现在越来越少；而各种球类运动游戏的玩家，大多是这些运动的爱好者。如果你的孩子本来就喜欢某项运动，他很可能会尝试与这个运动相关的游戏。当然，作为家长，我们也可以积极地尝试把这种关联反过来，将一个游戏转化成孩子青睐的一种体育运动，这也是不错的选择。

模拟游戏

顾名思义，所有对于生活事件的模拟，一旦被游戏化，就可以划归进模拟游戏的行列。这是我最喜欢的游戏类型之一。

早年间的《大富翁4》，是很多80后玩家玩模拟游戏的入门之作，很多人在这个游戏里第一次接触到了股市和地产。如今，《大富翁》已经推出了第10代作品，而这一大类游戏，已发展到"只有你想不到，没有它不包含"的程度。

你可以在《过山车大亨》里运营一家主题公园，自己设计过山车，也可以在《监狱建筑师》中做一名监狱管理者，甚至可以在《装机模拟器》里用你的电脑去模拟怎么组装一台新电脑。在不同的游戏里，你可以开火车、当医生、当消防员、当警察、在街头卖画。我一直相信，总有比你"脑洞"还大的游戏设计师制作好了一个模拟游戏等你去发现。

在我看来，模拟类游戏有两个比较大的类别。

一类是模拟经营，也就是你需要去运营、维护某个非常复杂的系统。比如在《模拟城市：天际线》中，作为一个大型当代城市的缔造者，你不仅需要留意怎么造出精美的建筑和让人有高幸福感的街区，也要注意规划路网、电网、下水管道等市政工程，还要担心工业污染，关心城市节庆以及财政预算。与此类似的还有运营医院、游乐场、火车线路、农场等的各种游戏。这些游戏能培养一个人的组织管理能力，也可以让人对于某些行业产生更深入的认识。在玩这些游戏之前，孩子们往往并不知道作为一个决策者和管理者居然有这么多要操心的事情。在其他游戏中，玩家往往需要以个人的视角投入到情节的跌宕起伏之中，但在模拟经营游戏中，会有一个更高的视角，让玩家学会不再以线性叙事的结构，而是以网状叙事的结构来看待事物的发展，认识到现实生活背后的种种复杂性。这也许就很好地解释了为什么喜欢玩模拟经营类游戏的玩家年龄普遍都不会太小，而且对于有序性和逻辑性的要求很高，因为这些游戏就像复杂的机器，其中盘根错节的各种设定与数据是需要一定的积淀与执念来加以消化的。

另一类模拟游戏则是对某些特殊角色的模拟。在我玩过的这一类模拟游戏里，我当过国境线上的边检员，当过机场塔台的调度员，当过靠自编自演视频来谋生的"网红",甚至做过总统候选人,角逐 2020 年的美国大选。每次玩完这类游戏,我满心的感受都是"各行各业都不容易"。

有一天,我甚至玩着玩着都感觉到"我自己真不容易"。

2020 年年初,有一款小游戏得到了我的关注,它叫作《星礼研究所》,主要模拟的是一个心理学研究生不断深造的学术经历。在这款游戏里,有情绪多变的导师,有浩如烟海的论文,还有发表论文过程中面对的种种艰难险阻,甚至在你经历了这一切之后,你的论文还不一定会被心仪的期刊接收。

游戏作者以自己的母校和真实经历作为原型——虽然他没这么说,但情况一定是这样,因为在游戏中,从图书馆的位置等一系列小线索中,我都能看出来作者模拟的是哪所高校。

这款游戏在国内心理学硕士研究生及博士研究生人群中收获了相当好的口碑。包括我在内的大多数圈内人都万万没想到,居然可以通过游戏模拟自己的行业,而且还有如此真切的感受。表面上,大家在吐槽与抱怨在心理学科研工作中碰到的种种不顺心,但这个游戏其实赋予了我们一个宝贵机会来重新审视我们从业的初心,以及回溯我们个人的成长经历。在这之后,每每有人向我咨询跨专业考研学心理学的事情时,我都推荐他们去玩玩《星礼研究所》,它会让你不再那么浪漫化地设想将来的心理学研究生活,让你提前感受到你一旦走上这条道路就必然会面对的真实困难。

我想,其他优秀的模拟游戏,同样会起到高度还原某个职业的效果。如果你喜欢某个职业却有现实的原因让你无法从事它,大可以靠游戏圆自己一个梦。《欧洲卡车模拟 2》是一款评价很高的游戏,国内也有专门的团队开发这款游戏中高度还原的中国地图。这款游戏的忠实玩家很多,他们就是喜欢开重卡搞物流。如果你心仪某个职业，却又不知道自己到底喜不喜欢，适不适合，也可以依靠模拟游戏在一定程度上解决困惑，虽然游戏不能完全还原职业的方方面面，但起码可以让你不至于受到太多对于职业的旧有印象的影响。

我们依然有必要注意，不像一场战争能分胜负，一个故事总有终章，**模拟游戏往往并不会设定一个绝对终点**——城市总有优化的空间，开车总有更远的彼端，开游乐场也总有赚不完的钱。恰恰由于模拟游戏具有这个特性，很多玩家在玩模拟游戏时会沉浸在自己给自己规划的目标中不愿抽身。所以在孩子玩模拟游戏的时候，需要家长帮助他们做切实有效的目标管理和时间管理。

多人在线战术竞技（MOBA）游戏

这是当下最红火的一类游戏，并且非常年轻，年轻到我甚至没法找到一个家长们熟悉的游戏来做类比。

简单地讲，你可以把这种游戏理解成一场篮球比赛，有对垒的两个阵营，每个玩家扮演一个角色，有着不同于他人的技能与任务，同时在竞争对手那边有一个与自己"对位"的人。就像篮球赛一样，双方人数相等，大家各司其职，有一对一的微观对抗，更有多对多的宏观博弈。

当下非常流行的《英雄联盟》和《王者荣耀》都是此类游戏，这么一说，我想很多家长就会缓过神来了："哦！原来就是那个游戏啊！"

这类游戏最大的魅力也与篮球比赛一样，在于以下三点。

一是要在有限时间和高压环境下做出关键决策。MOBA 游戏的节奏往往很快，涉及的操作也不少，要想获胜，玩家往往需要既关注面前的敌人，又注意到整体的时局动态。压力感、快节奏以及明晰的奖惩机制，都会刺激玩家高度投入。

二是团队成员之间的合作。就像在篮球场上组织进攻与组织防守一样，虽然的确存在靠一个人以少打多或者力挽狂澜的情况，但是在大多数情况下，团队成员间的有效配合都是首选。MOBA 游戏中多个角色之间的配合、技能的衔接，甚至战术上的安排，都可以让玩家回归到人与人之间最基本的积极互动：合作。

三是人与人之间的竞技性。在 MOBA 游戏中，玩家需要战胜的往往不再是强悍的怪兽，而变成了另一批真实存在的玩家。在团队和团队的竞争中，"技高一筹"的感受可以给玩家带来极强的自我效能感。不懈努力之后的胜利，更会给玩家带来价值感。

很多家长最嗤之以鼻的恰恰是上面这三点。当孩子高度投入时，他们说："就只操心游戏，正经事一点都不上心！"当孩子与他人合作，攻坚克难时，他们说："跟别人一起打个游戏，也交不上真朋友！"当孩子赢了，他们还会说："光游戏打得好，有啥用？"

这些都是在孩子产生积极感受时，家长泼给他们的冷水。

这当然不是我所认同的交流方式，因为从另一个角度看，依托同样三个特征，只要因势利导，完全能让孩子更好地锻炼压力下的正确反应能力、对他人行为的预估与反馈能力，以及更强的自我认同。

带着这样的态度去引导孩子将从游戏中获得的收获最大化，要比那些泼冷水的负面反馈高明得多。以对游戏和玩家的共同否定来批判孩子，所导致的结果无非是孩子背着我们更频繁地玩游戏，我们越发难以参与管理孩子的游戏时长与强度，或者孩子索性破罐子破摔："既然你说我一无是处，那我就一无是处给你看。"

不过话说回来，恰恰因为 MOBA 游戏实在太好玩，它也是现在对子女做游戏管理的重要战场。它的风险因素有很多，比如在游戏中队友之间的互相谩骂、连续输掉几场的挫败情绪，以及游戏内的付费机制，都是作为家长需要留心的地方。

游戏的类别远远不止我们上面提到的这些，不仅如此，对于现在越来越多的游戏，我们也不能一刀切地断定它究竟属于哪一类。很多新游戏兼具模拟游戏与动作游戏的特点，或者在益智游戏里安插体育游戏的元素，创新性一直是游戏行业的特点，今天的我们很难预估明天会有怎样的游戏大行其道。

无论如何，了解上面这些经典与普及的游戏类型，家长就大概了解了在孩子面对浩如烟海的游戏产品时，能够从管理的角度做怎样的大致区分。

没有哪一种类型的游戏是完美的，就像没有哪一样食材能够兼顾所有的营养。即使是口碑再好的游戏，成长的机遇和潜在的风险也并存于其中。作为家长，我们要让孩子玩到他喜欢玩的、能够有效管理风险的、能够促进孩子成长的好游戏。

在了解游戏的类型区分之后，我们必须要从父母的角度深入讨论一下什么样的游戏才算得上是好游戏。

为什么不能让孩子"想玩啥就玩啥"

孩子在想玩某一款游戏的时候，往往高度感性。

他可能出于对游戏前期商业宣传的认可，可能因为班里的同学很多都在玩，也可能因为对于游戏的题材和主题感兴趣——在各种各样的感性原因的驱使下，他找到了你，或者要借你的手机来下载这款游戏，或者找你预支一点零花钱来购买游戏的客户端，或者让你帮忙给他在游戏商城里买一些装备或者皮肤，甚至找你跟他一起玩。

但是他们往往缺少这样一个习惯：分析一下游戏真正的好坏利弊，然后再决定自己的投入程度。

也许有人会觉得这太功利了：为什么不能让孩子想玩什么就玩什么呢？难道我们让孩子玩游戏，还要做个投资和产出的规划表吗？同样是放松休闲，看电影、看电视剧之前，为什么不需要去衡量这些呢？你喜欢就够了嘛！

我承认，玩游戏最主要的功能之一就是纾解情绪，而你只要玩自己喜欢的游戏，基本上都能玩得高兴。

但是玩游戏和兴之所至地看场电影、看本课外书还是有区别的。况且作为家长，我们其实也不会让孩子想看什么电影就看什么电影，想看什么书就看什么书。

玩家投入单一游戏的时长可能会很久

我想对于你看过的绝大多数电影，你都只看过一遍，对于你看过的绝大多数用于消遣的书也是一样。一部电影通常不会超过三个小时，如果你有良好的阅读能力，读完我们这本书所需要的时间大约在 6 个小时左右。但现在以剧情为主要卖点的游戏的通关时间普遍在 30 个小时左右，而像体育游戏和网络游戏这样的游戏的通关时间更是难以估算。你知道从 2006 年至今，我在《魔兽世界》上花了多少时间吗？超过 2000 个小时。

不管是好游戏还是坏游戏，基本都要长时间投入地玩，既然如此，我们为什么不优先选择好游戏呢？

流行的游戏并不一定是好游戏

在你所处的行业里，可能存在劣币驱逐良币的情况，在游戏圈子中也是一样。游戏早就过了 30 年前作为稀缺品"闭着眼挑，样样好玩"的时代，也早过了"酒香不怕巷子深"的口碑营销时代。如今，很多好游戏始终小众，而很多在销量榜上位置靠前的游戏其实徒有其表。如果我们把游戏当作值得品鉴的艺术品，你会发现，就像鉴赏其他艺术品一样，大多数玩家的品位其实并没有多高。此外，很多大公司会在利益的驱使下进一步蚕食有情怀的小制作游戏的市场份额。这样的情况时常发生：某个小工作室做了一款从方方面面来讲都非常不错的游戏，但多少还需要点时间去积淀、成长，可在这不长不短的孵化过程中，资金雄厚、人员充足的大公司却可以赶工做出一款类似的游戏，先挤掉前者的市场身位，并伴以大额投资下的推广和宣传。原先的好作品，也就再难有出头之日。

作为玩家和玩家的父母，我们没有义务挽救某款游戏的命运，但我们起码可以保护自己不被别有居心的游戏公司操纵。这就更要求家长帮助孩子做好电子游戏的预先甄选工作。

家长参与游戏的选择能使亲子共游有更多的可能性

很多时候孩子未必愿意家长参与到自己选的游戏中，也未必愿意玩家长选的游戏。但如果家长在给孩子选择游戏的同时，还发出"亲自下场"的信号，邀约孩子共同参与的话，情况就会截然不同。单独玩或不玩某款游戏，是一种自主的认知决策，是否接受来自他人的一起玩某款游戏的邀约，则是与社交相关的情感决策。既然要做好亲子共游，当然不能随便拿一个游戏就开始玩，提前甄选游戏，恰恰是个好手段。

挑选好游戏的原则

那么什么样的游戏，才能纳入"值得一玩的好游戏"的范畴呢？

从我做父母、当老师、从事心理学研究以及玩大量游戏的综合经验来看，我觉得有三条黄金原则和三条"一票否决"。

新知性

帮孩子选游戏时要考虑的第一条原则，是这款游戏要具备新知性，即孩子通过玩这个游戏能获得智识上的提升——不管是在知识储备上，还是在思想意识上。

有一次，我乘飞机路过东南亚，机舱地图上出现了两个城市：马辰和登巴萨。这两个很多人从没听说过的城市，我却很熟悉，因为它们是我童年时代最爱玩的游戏之一——《大航海时代 4》里出现的两个港口。

而《大航海时代 4》之所以被我奉为一款经典的模拟经营类游戏，就是因为它有着极强的地理和历史方面的新知性。玩过这款游戏，你就能基本掌握世界上的主要货运航道和重要港口，甚至一些地域特产和风土人情。

2018 年，在索尼 Play Station 平台上有一款独占游戏成为爆款，名叫《底特律：变人》。它之所以成为爆款，不仅仅是因为高度拟真的画质，更是因为这个作品探讨了一个非常深刻的话题：产生了情感和意识的机器人，到底应不应该有与人同等的权利和生命意义。随着剧情的深入，游戏对每个玩家都展开了一次道德观和价值观的拷问，它给我带来的思考与震撼，是不亚于小说《三体》和电影《黑客帝国》的。

《刺客信条：奥德赛》是一款以古希腊作为历史大背景的游戏，有着精良的画质，而且为了游戏剧情的需要，高度还原了包括雅典卫城在内的古希腊多个地区。我第一次打开这个游戏时，并没有急着进入剧情开始探险，而是点开了一个游戏开发者留下的独特选项：发现之旅。在这个特殊的功能里，游戏向玩家展示了虚拟还原的古希腊，甚至还安排了好几个博学多才的导游，专门带着玩家参观那些经典的建筑。你可以指挥自己的角色走进雅典的市场，混迹于公元前 5 世纪的劳苦大众之间，了解他们的日常生活；你也可以参观雅典卫城，导游甚至会给你指出考古发现的文物所在；你还可以进行专门的政治学体验，从游戏角色的讨论中了解古希腊的城邦制，通过观看演讲台上的演讲者体验当时的选举制度如何运作。

注重新知性的小品级游戏也有很多，比如《科学溯源》会让玩家来到 17 世纪的欧洲，那正是"科学大发现"的时代。玩家本人可以扮演 14 位当时的科学家之一，包括牛顿、莱布尼兹、惠更斯等。你需要努力做好自己的科研工作，并选择天文学、力学、热力学、生物学、光学或数学作为自己的毕生事业，争取率先发明折射式望远镜或者机械计算器，或者率先正式提出微积分。当然，在游戏过程中你需要提升个人能力，遴选课题，做好研究，率先取得成果并发表论文，甚至可能还要考虑是否用一些不光彩的手段来保持自己的竞争力，让你在这个科学还不为公众所知的时代，成为近代科学的奠基人。

从地理与历史到科学与政治，游戏赋予孩子新知的例子不胜枚举。

游戏并不能凭空产生，它总有素材。就像建材与建筑的关系一样，好的素材才能构筑好的游戏。这些好的素材，往往有着不限于游戏的价值和意义，这就是为什么通过游戏可以展现文化、历史、地理、政治，为什么玩游戏可以成为促进孩子成长的有效通路。

审美性

我们选择游戏的第二个原则是审美性。

游戏本身具备成为艺术的所有要素，其中自然包括在美感上的表现。一款好的游戏应该如同一件好的艺术品一样，让人在审美层面有所收获，如果收获深刻，那就是深刻的美。而好游戏的重要表现之一，就是让人在审美上有优质的收获。

这种审美感可能来自于感官的刺激，比如精良的图像、震撼的音效，甚至模拟招架敌人进攻时武器的震动的游戏手柄的震动，很多游戏在这方面已经做得炉火纯青。考虑到硬件发展的"摩尔定律"以及虚拟现实技术和增强现实技术的快速发展，这个层面的审美，门槛会越来越低，体验会越来越好。

这种审美可能会让玩家"爽"，它很重要，但不是唯一重要的。因为审美本身有更广的意味和更深的层次。

比如像《风之旅人》这样的游戏，并没有什么拳拳到肉的打斗情节，但是却给人非常好的"治愈感"，这也是一种审美体验。《风之旅人》让我们看到了游戏表现美的更多可能性，也给自己赢得了不少大奖。在这款游戏里，无论走到哪里，感觉看到的场景都是一幅画。游戏难度不大，节奏也慢，非常有利于放松情绪，有的心理治疗师甚至会用这个游戏给来访者做放松治疗。

再比如《看火人》这款游戏，讲述了一个人因为生活的种种缘由，只身进入大山，在瞭望塔上做一名护林员的故事。在执行警惕山火的工作任务时，通过对讲机，他和身处另一个瞭望塔的护林员开始了一系列走心的交流——这构成了游戏最核心的主线，但直到游戏结束，他都没有见到这位电波中的知己。在崇山峻岭中，落日与落寞同在。在孤独之中，有着一丝与外界的交流，但这种交流又很不稳定，这是在游戏中非常真切的感受。玩过这个游戏之后，我就像看完了一部沉重的小说，对于"孤独"这个话题有了更深层次的认识。

很多游戏设计师都认同这样一句话："电子游戏的终极目的是人文精神。"对此我也深有同感。

电子游戏并不一定是浅薄、及时行乐与感官刺激的代名词，它不一定要靠逼真的视觉效果和俗套的故事情节博眼球，它完全可以用真诚的方式震撼玩家的心灵。

孩子读名著我们能接受，孩子看经典电影我们也能接受，那么在了解会有良好的审美影响和观念传递的情况下，为什么不能让孩子玩一款真正的好游戏呢？

趣味性

最后一条原则便是在游戏过程中玩游戏的人能收获一种纯粹的快乐。

所谓纯粹的快乐，就是一种非常基础的、让人感觉到愉悦的游戏体验，比如剧情的起承转合、排除万难后巧妙地战胜关底 BOSS、和他人之间默契的合作，甚至看到一座山后费力爬上山顶看看风景。

它的反面，则是一种被设计出来的快乐，比如"套路"满满的抽卡和开宝箱，再比如花钱就能得到强过别人的好装备。

你最早接触电子游戏的时候，有没有玩过一款让你在不知不觉中就度过几个小时的游戏呢？它可能不贵、不复杂，画面也未必多么优良，但它就是有一种让人停不下来的"好玩"。从经典的《超级马里奥兄弟》到近些年的《塞尔达传说：旷野之息》，有很多游戏都是能给玩家带来纯粹快乐的典范。

的确，游戏可能有这样或那样的好处和意义，但是从根本上说，好玩是最重要的。如果我们找到一款从方方面面来说都益处多多的游戏，但就是一点都不好玩，那么让孩子玩这款游戏和硬塞给孩子一本古板的教材有什么区别呢？

当下，游戏的不好玩有两种，一是上面说的那种没意思，二是下面要讲的"套路深"。

越来越多的游戏，迫于发行方的盈利需求和运营方的绩效考核，开始更多地采用一些歪门邪道的敛财手段。游戏中大量设定的目的不再是为了增加趣味性，而是强迫玩家投入更多的精力、时间和金钱去做很多没意义的操作。这是我们在帮孩子选择游戏时要非常留意的事情。

不少游戏号称免费，但"免费的往往是最贵的"，家长不能想当然地认为帮孩子选择这些游戏就意味着不用投入什么成本。恰恰相反，越是准入门槛低的免费游戏，孩子玩起来越容易面对各种各样的挑战：层出不穷的消费陷阱、糟糕的游戏体验，甚至其他低素质玩家营造出的不良环境。

就像有垃圾食品一样，也有"垃圾游戏"。有的食物没营养、不好吃，长远来看弊大于利。有的游戏也是类似的，没内涵、不好玩，长远来看玩了不如不玩。

所以我们才应该坚守挑选游戏的黄金原则：新知性、审美性和趣味性。

当然，这三点兼备的好游戏其实很难得，所以我建议各位家长在给孩子选择游戏的时候，不妨适当放宽标准：三者占其二，就是一款值得尝试的好游戏了。

既然对当下的新一代人来说玩游戏避无可避，那么提前甄选，给孩子提供优质的游戏，就是每个家长的必修课。家长逐渐摸清游戏的风格需要时间，你也不可能一拍脑袋就搞清楚那些名字花里胡哨的游戏到底在新知性或审美性上表现如何。

三条"一票否决"

因为家长自己不玩游戏，所以给孩子选游戏的标准往往也很模糊：不要钱的免费游戏、最近比较流行的游戏、应用市场里正在推广的游戏。这些游戏统统都是别人告诉你"你要玩"的，但并不是你甄选过后觉得孩子"适合玩"的。

对上面三条黄金原则的实践，你需要慢慢练习，而下面有三条"一票否决"某些游戏的红线，你不用练习就可以直接参考，以避免一些流行的"垃圾游戏"给孩子带来负面的影响。

有很多游戏，我本人和我家的孩子都不接触，虽然这些游戏可能很火、很流行，甚至可能真的很好玩。原因就在于，这些游戏触及了我所认为的三条红线中的至少一条：**游戏中的社交有太多的负面信息、诱导道具付费、缺乏情节或知识**。

简单解释一下这三条红线。

比如说，俗称"吃鸡"的《绝地求生》这款游戏，默认是开放式语音的，也就是说游戏中的其他玩家只要在你旁边，就可以直接和你对话，其他玩家之间说的话你也能听见。

在有的情况下，游戏环境会导致玩家互相谩骂，甚至会有玩家在语音里播放暴力、淫秽的负面信息，我甚至还听说过有玩家在游戏里公开播放哀乐，就是为了给别的玩家找别扭。虽然你可以屏蔽别人的语音，但是这种游戏在多人模式下很大程度上就是依靠合作进行的，所以语音必不可少——这样看来，倒不如直接不玩算了。

除此之外，虽然大量的网游与手游都是可以"免费玩"的，但很多都存在"诱导道具付费"的问题。

在游戏圈子中，有一种叫作"氪金玩家"或者"人民币战士"的称呼，就是指靠在游戏里不断砸钱来提升装备与属性的玩家。这直接导致很多游戏的趣味性大打折扣，形成免费玩家被付费玩家单方面压迫的局面。在我看来，玩这些游戏就是"花时间找罪受"的典型，也极容易导致玩家因为心理不平衡而大量付费——这违背了通过游戏实现成长的初衷。

最后一点，就是缺乏情节或知识。大量急于"圈钱"的粗制滥造的游戏，都缺乏足够好的情节和知识量来支撑它们的内涵。"萝卜快了不洗泥"，这是难免的。

像《星际争霸》所展现的宏大宇宙观、《魔兽》系列甚至可以改编成一部恢宏的电影的情节、《帝国时代》系列蕴含着的历史知识，都是造就精品的原因。就算是《植物大战僵尸》这样的益智类小品游戏，也都有一个还算不错的主线情节。如果一个游戏真的很缺乏内涵，那就的确没有太大必要为它花时间——你可以这么想，连做这个游戏的人都不怎么上心，你作为一个玩游戏的人，为什么要那么上心呢？

也许你之前游戏玩得不多，却又希望能够通过游戏促进孩子的成长，改善与孩子的关系，你要做的第一步并不是兴冲冲地跑到孩子身边，对他说："我们一起玩游戏吧！"就像你要跟孩子出门打篮球，你要做的第一件事应该是买个篮球，再带着它去找孩子："我们一起去打篮球吧！"

所以你最好先选择一款能说服自己，也能打动孩子的好游戏，它将解决你"巧妇难为无米之炊"的问题。

现在让我们假设游戏已经选好，孩子很有兴趣，而你充满期待，你与孩子一起坐在了屏幕前——你可不要玩得太投入，松下了这口气，因为就算亲子共游帮你规避了大量风险与矛盾，也还有很多问题与麻烦才刚刚开始。

答疑时间

"我知道很多流行的游戏其实并不优质，但怎样才可以帮孩子找到靠谱的游戏呢？"

在选择游戏的过程中，我个人往往采用这样一种方法：如果一个游戏能出第二代，那么应该能说明第一代还不错。并不是说买游戏就要买那些过气的老款，而是要"让子弹飞一会儿"，给一款真正的好游戏一些时间，才能让口碑发酵。

你和你的孩子不一定总要玩最新、最潮的游戏，一方面，买这些游戏是笔不小的支出；另一方面，越新的游戏对于硬件的要求越高，所以还很可能意味着额外的一大笔消费。同时，这笔钱也不一定真花得值，因为新作、大作不一定就是经典，也不一定真的匹配个人的口味。

所以对于那些刚刚上市的游戏，我往往持观望的态度；对于那些火遍大江南北的游戏，我则时刻警惕资本在其背后的贪婪运作。

除非一些独立游戏本身就不贵而且玩法新颖，我会立刻买下来玩玩之外，对于那些费用比较高的大型游戏，我和孩子的采购时间点，基本上都是游戏发售半年甚至一年之后。往往这时候，不管游戏刚发售时标价多高，都已经挂上了一个很有诱惑力的折扣了。

不过这依然不是我选择买它的唯一动因，还有一些因素会直接影响我是否出手：这款游戏在媒体和玩家群体中的口碑如何；我周围的朋友有没有向我推荐；游戏网站有没有给这款游戏开设专门的主题页面和讨论区。

如果你依然觉得搜寻这些信息太麻烦，那也可以跟孩子一起在视频网站上直接搜搜这些游戏的视频，看看一些主播和游戏类视频制作者玩这款游戏的录播内容以及对这款游戏的评价，再共同做决定。

"我的孩子让我给他买一款游戏,原因是班里其他同学都在玩,他们也都花了这笔钱。我该不该给他买?"

第一,别的家长怎么做对你怎么做没有绝对的指导意义。

在处理自家孩子的问题时,家长如果觉得有不对劲的地方,当然可以表达自己的管理决策。如果你觉得不买这个低质量但流行的游戏从长远来看好处更大,那我完全支持你的决策。

第二,很多孩子不是为了想玩游戏而要家长买游戏的。

在我上小学的时候,我大哭着向父母抱怨过,说我是全班唯一一个没有自动铅笔的孩子。我之所以这么做,并不是因为我多想要一根自动铅笔,而是因为我不想显得和其他同学格格不入。

这么多年过去了,只不过是当年的自动铅笔变成了今天的智能手机或者某款游戏。对于特定年龄段的孩子来说,融入群体是社交上的核心刚需,其实现手段在大人看来甚至都有些匪夷所思。

如果孩子真的有融入群体的困难,我们应该去向老师求证,或者与孩子谈谈有没有更深层次的困扰需要我们提供帮助。

第三,我认为持有"不想买这款游戏"态度的家长一定不止你一个人。

我们认同好游戏的价值,也要警惕坏游戏的风险,所以我们完全可以试着找找有同样态度的家长,让两家的孩子与家长在这件事上组成一个小小的联盟。你们甚至可以在几个联盟家庭里推行另外一个真正优质的游戏,并实行有效的管理。

第 6 章

让肩并肩代替面对面

亲子共游

面对面与肩并肩

有 90% 的学龄儿童会玩游戏,但是全世界电子游戏玩家的平均年龄是 33 岁。这说明什么问题呢?说明你的孩子的确在玩游戏,但与此同时,大量的成年人才构成了玩家群体的主体。那么既然大人和孩子都在玩,为什么不一起玩呢?

只要你愿意,电子游戏完全可以成为你和孩子之间关系发展的重要催化剂。

每次和家长们谈到孩子玩游戏这件事时,我都会强调两点:一是游戏能够赋能成长;二是对孩子玩游戏的最佳管理方式就是成为孩子的玩伴。

为什么呢？用进化心理学家大卫·巴斯的观点来说，人与人之间的交流模式主要有两种：一种是面对面的，就是你说我听，我说你听，运气好的话能彼此沟通下去，运气不好的话就变成了单方面的碎碎念。另一种是肩并肩的，就是咱俩一起去做某件事情，不管是原始时期的狩猎，还是现如今的打麻将，都属于这一类。

大量的中国家长首选的与孩子交流的模式都是面对面。一部分是因为实在没什么事情需要两代人同时去做，对于学习，孩子需要做，但家长不乐意做；对于做家务，家长虽说不乐意但也不得不干，并且多数情况下如果孩子要来搭把手，还要批评几句："赶快学习去！别来帮倒忙！"

面对面的交流总是容易产生矛盾和冲突，就像我爸和我妈好端端地坐着聊天，却总要找一些话题来评价和批驳，有时一抬杠，就会吵架。

但同样是我爸和我妈，同样是两个人单独相处，只要让他们合作做一些肩并肩的事，比如一起包饺子，一个擀饺子皮一个包，就从来不吵架。因为在这个过程中，没谁都不行，批评谁也不合适，超越语言的默契在运行着，手头有任务需要完成，对于对方的那些评价和议论，当然也就能稍微搁一搁。

作为父母，你可能也发现了，每次和孩子面对面沟通时，就容易着急上火：你好心好意给他提点建议，他不乐意听；你评价他最近的学习习惯，他觉得你在挑刺；你跟他掏心掏肺地讲自己的真实感受，他置若罔闻。

既然面对面没有用，那我们不妨换个思路，转换到肩并肩的交流模式中来。在这种模式中，有任务作为沟通的主题，有及时的刺激让你们彼此交流，更重要的是，你们可以暂时搁置父母、子女的角色桎梏，以平等的合作者的身份好好说话。

你们可以一起去运动,一起去旅行,还有一种便捷有效的方案:你们大可以选一款好游戏,拿起游戏手柄或把手搭在鼠标或键盘上,这时,你们同样已经做好了肩并肩一起努力的准备。

亲子共游,其实很有必要。

第一,家长本人也成为玩家,可以让游戏成为亲子互动的重要平台;第二,孩子年龄较小时,家长参与进来,可以在孩子力有不逮的时候帮忙;第三,参与本身就是管理的契机,因为你是孩子的玩伴,所以你的建议与管理也更容易被采纳。

在这段亲子共游的欢乐时光里,游戏将成为载体,更好的亲子关系和孩子的成长是我们的目的。

和孩子一起玩游戏,家长要扮演什么角色

在一次演讲中,我讲到"亲子共游",一位母亲站起来问我:"叶老师,我作为家长愿意跟孩子一起玩游戏,但我不是游戏玩家,怎么才能更好地跟孩子一起玩呢?"

我的回答很直接:"先从定义什么是优秀的玩伴开始。"

之所以这么说,是因为我发现很多家长在跟孩子玩游戏的时候,其实不太清楚自己的角色是什么。他们要么就"佛系"地随便参与参与,要么就憋着劲儿准备随时让孩子停下——这其实都不对。

那么,和孩子一起玩游戏时,家长到底要扮演什么角色呢?

首先,你不是老师。孩子玩游戏的时候可能需要你的指点,但是他肯定不需要你的"指指点点"。游戏中让人感觉最好的部分之一,就是

自己去挖掘各种可能性，或者寻找通关的诀窍、法门。作为游戏玩家，我们希望有人能跟我们商量，而不是另一个玩家好为人师地给我们各种指导。

其次，你不是教练。我们不妨想象一下，假设你喜欢玩一款赛车游戏，而另一个玩家总以教练的身份和口吻与你交流："这个赛道，你怎么比上次慢了三秒！刚才那个弯，能么么过吗？你这么不认真，怎么可能得第一呢？一点都不上进！隔壁家小明都打到第12关了，你连第9关都打不过！我出门都不好意思和小明的妈妈打招呼！"玩游戏的进取心是自发的，而不是被一个教练员吆五喝六地灌输的。不过，如果你想让孩子停止玩某个游戏，不妨试试在这个游戏上给他当教练吧！这往往能有奇效，因为你会毁了他所有的游戏体验。

最后，你不是"马仔"。很多家长由于不太熟悉游戏机制，在和孩子一起玩的时候总表现得非常"抱大腿"，或者带着"陪太子读书""只要你高兴就好"的心态和孩子共游。如果你有过认真玩游戏的经验，那么比起和这样的队友一起玩，你甚至更愿意自己一个人玩。从25年前的《松鼠大作战》到现在的《守望先锋》，分工与合作是许多游戏的核心属性，如果家长本人带着无所谓的态度给孩子当"马仔"，很容易沦为孩子眼中的下一个"猪队友"。

所以，请时刻牢记：亲子共游时，你是孩子平等的玩伴。

平等的玩伴间既不会有太功利的诉求，又能拥有互相帮持的关系。而平等共游的最典型体现，我想应该回归游戏最本真的样子，那就是：孩子玩得开心，你也玩得开心。

拿这个标准去评估，一套一个准：如果你开心而孩子不开心，那么也许是你表现得太强势了；如果孩子开心而你不开心，那么也许是你没有得到你期待的重视；如果你们都不开心，那么很可能是因为你想要的和孩子想玩的根本就不在一个频道上。

游戏是亲子共处的一种方式

每周末，我都会和我家大儿子一起用 Switch 玩两局《马里奥赛车 8》。这是孩子开心，大人高兴的亲子时光。有时候，我们大可不必太功利地赋予游戏过多的诉求，游戏嘛，玩得高兴就已经够本了。

就像看一幅名画，你不一定要买回家来，也不一定要学着画一幅一模一样的——你看着它，有审美体验，这就够了。所以我觉得，虽然我们之前已经谈了游戏可能给孩子带来的各种成长机会，但游戏带来的最纯粹的好处应该是孩子和父母共处的美好时光。

我家孩子现在还小，所以《马里奥赛车 8》就满足了需求，此外，《胡闹厨房》作为经典的合作游戏，萌萌的角色造型和"做饭"的主题也能起到非常好的效果。很长一段时间里，我每天早上送孩子去幼儿园，在从停车位到幼儿园门口的那一小段路上，都要模仿一下马里奥赛车的情节，来一场小小的"比赛"。

在很多家庭里，游戏被当成了奖励或者惩罚的机制——"宝宝真乖，去玩 iPad 吧！""你今天这么不听话，晚上不许玩游戏！"

我认为，只有跳出这种怪圈，让游戏成为生活中亲子共处的一种方式，才能更好地发挥它的各种积极效果。

在无数的中国家庭中，每天晚餐后，爷爷奶奶收拾碗筷，妈妈玩手机，爸爸玩平板，孩子无所事事——若能一起玩玩游戏，也是好的啊。

我们家有 Switch，有搭载了 VR 设备的 PS4，还有 PC。但这些设备上的游戏，都应该服务于三个目标：让我儿子玩得开心，让我玩得开心，让我儿子和我一起玩的时候都能玩得开心。

这三个目标实现了，就自然会产生两个我最期待的亲子共游的好处。

第一，亲子之间更多的交集和谈资。在很多中国家庭里，你会发现父母其实并不太了解孩子的一天是怎么度过的——他们每天很早就分开，晚上孩子由爷爷奶奶接回家，自己加班又堵车，到家没多久全家人就要就寝了。没什么事情是孩子可以和父母一起做的，亲子之间可供沟通和交流的素材少之又少。在这样的情况下，父母往往会因为自己对孩子缺乏了解而产生焦虑，于是自然而然地爱过问孩子的学习或者生活，一过问又有可能产生落差，少不了数落和埋怨，但又缺少实质性的指导和建议。最终家长不满意，孩子也不高兴，不欢而散，一地鸡毛。

第二，在很多时候，游戏除了能作为谈资，还能成为亲子交流的突破口。你和孩子如果没有交集，自然也就没什么可聊；如果孩子和你关系不好，你对他的影响力自然也就很小。借由一起玩游戏的美好体验，我们能够同时把这两个问题解决掉：一方面，孩子有了更多可以和我们交流的内容；另一方面，我们和孩子靠游戏培养起来的坚实感情，能让他更加信任我们，也能让他更愿意接受我们的观点与态度。

有了好的父母、好的游戏和好的体验，怎么可能没有好的亲子关系呢？而好的亲子关系，则是培养好孩子的土壤。

共游：亲子交流的入口

曾经有一对父子找到我，原因不是孩子玩游戏，而是他们之间的关系非常糟糕，彼此的交流冲突不断，父亲觉得孩子一无是处，孩子觉得自己从没感受到父爱，甚至在他们彼此交流的过程中都缺少了亲情的底色。或许有的家庭会觉得这就是父子正常的模样，但这对父子还是觉得他们的关系是有改进的必要和空间的。

除了正式的沟通和晤谈之外，我还推荐给这对父子一个游戏——《癌症如龙》，让他们一起玩一玩，并相约下次见面的时候再一起聊聊这个游戏。

我之所以向他俩推荐这个游戏，是因为这个游戏用一种非常独特的视角去阐释了亲情。

游戏的制作者是一对夫妇，丈夫莱恩·格林是一个独立游戏开发人员。格林夫妇育有三个儿子，小儿子约珥在一岁时就被诊断出罹患癌症——非典型畸胎瘤横纹肌样瘤。医生说，孩子的生命只剩下四个月了。

但是在父母和哥哥们的悉心照顾下，约珥的病情还算稳定，一直坚持了三年。直到一次复查后，医生告诉这一家人：病情急剧恶化，孩子可能快坚持不住了。最终，小约珥在 2014 年 3 月离开了人世。

很多人觉得这个故事并不适合改编成游戏，但是约珥的父母并不这么想。他们回顾了过去的四年来，癌症如何像一条黑色的恶龙一样摧残着孩子的精神和身体，而父母能为他所做的又实在太有限。

但无限的，是来自父母的爱。

夫妻二人把孩子短暂的生命历程转化到了游戏之中，让更多的人来感受他们夫妻俩的情感。父亲总是沉默，担忧地看着孩子；母亲却总是表现得很乐观，即使心里明白即将面对的是什么，也尽自己所能地让孩子在每一分每一秒享受快乐。

父亲不愿意把孩子的哭声录到游戏里去，我能理解，他打心眼里希望有一个体验着纯粹幸福的孩子；但母亲却觉得哭声与笑声同样有意义，不管在哪里，孩子都是他自己。

从出生时的喜悦，到病榻前的纠结，游戏还原了这个家庭在过去四年里海量的生活细节，每一段文案、每一个道具甚至每一处光影，都有着真实世界中的原型。

这个游戏也很"致郁"，因为不管你在游戏中做出怎样的抉择，最终的结局都是失去这个可爱的孩子。很多人在体验过这款游戏后会声讨这种设定，但我本人恰恰并不这么想：游戏的存在，并不一定是让你考虑怎么去"赢"的。

游戏的存在，也可能正是让你更好地去体验，去感受，去了解别人的契机。也许这个游戏的初衷，就是让你感受面对绝症的无力感，以及来自父母的那也许短暂但依然深沉和无私的爱。对那些太过自我的心灵起到唤醒的作用，这同样是游戏能带来的好处。

这正是那对来求助的父子最需要的帮助。

父子俩一起用了几个小时来玩游戏，彼此之间没有什么探讨和交流，在玩游戏过后，虽然有情绪，也没有什么讨论和评价。这是习惯使然，但并不意味着他们没有收获。

在后来我与他们一对一的交流中，父子俩都提到了这次肩并肩一起玩《癌症如龙》的经历：儿子提到父亲会回避游戏中那些展现父爱的场景，当他在那些场景出现时看向父亲，父亲会扭过头去，不愿意展示自己的表情，他想也许父亲本身就不太善于直接公开地表露感情；父亲提到游戏让自己想到孩子刚出生的时候，因为工作原因，他没法像游戏里的父亲一样，花那么多时间、那么亲密地陪伴孩子，也是因为这个原因，让他面对孩子时总有一种"怎么突然就长这么大了"的感觉，孩子的很多特点、喜好、习惯他并不了解，更不知道是怎么来的。这种陌生感与距离感，让他在面对孩子的时候无法从容应对，更多的是不知所措。

问题浮出了水面，解决问题也就有了入口。电子游戏如果使用得当，就会给亲子交流提供一个入口。

游戏带来的感知与改变往往是自下而上的，伴着体悟，而我作为一个专家的评价与判断，就算是讲同样的东西，也难免带有一点生硬说教的意味。对当事人来说，主动在体验中发现并解决问题，总比被动地被贴上标签要强。

在我的工作经验中，很多家长和孩子之间的关系未必严峻到上面这对父子的程度，但家长们也很想借助亲子共游的力量，让孩子获得更大的成长空间。可在尝试的过程中，多少会碰到一些问题。这些问题如果处理得当，游戏就能成为让家长省心的帮手；如果不妥善处理，游戏就将成为让孩子沉沦的帮凶。

不要让游戏超越游戏本身

游戏与奖罚

在相当一部分中国家庭的教养体系中，管理游戏时，游戏可能是各种东西，但唯独不是游戏本身。游戏往往会被家长放到一个特殊的位置，变得与奖励和惩罚挂钩。

与奖励挂钩的例子有：有的家长会对孩子说"你考个 100 分，明天爸爸就给你买一台游戏机"；或者家长会说"你答应我每天都抓紧时间写作业，我就让你多玩十分钟游戏"。

家长非常容易忽视这样的事实：孩子考了 100 分，成绩所代表的学业水平、自我认同甚至社会地位，本身就是对孩子最直接的褒奖了，这一切本与游戏没什么关联。把游戏作为奖励的筹码，最大的风险就是让玩游戏变得货币化，那些换取游戏时间的正确行为逐渐丧失了本身的意义。

因为游戏太好玩，孩子们被引诱着去做这样或那样的事情来兑换游戏时间，这些事情本身的意义和价值逐渐淡化。随着时间的推移，对不对变得不重要，好不好也变得不重要，重要的只有能不能有效地转化成更长的游戏时间。

我相信这不是家长们所需要的。

同理，把减少游戏时长作为惩罚的形式也有很多不妥的地方：很多家庭中，一旦孩子不顺家长意，家长想到的第一个惩罚手段就是减少孩子玩游戏的时间——不管孩子忤逆家长的事到底和游戏有没有关联。

我们上班赚钱如果迟到，老板扣工资，那是天经地义的，因为这两件事情有关联。但在很多管理孩子的场景里，在家长能够戳到的孩子的软肋中，游戏总是最近在手边。这样一来，不管孩子犯下的错误本身到底和游戏有没有关联，家长都可能用游戏来施加惩戒。

这么做既无法让孩子好好地厘清自己的错误与代价之间到底有怎样的关联，又可能激发孩子出于反抗将自己的更多资源投入到游戏上。

除了奖惩的机制，还有其他乱七八糟的元素来给游戏管理添乱。

我们都在飞机上或者高铁上见到过这样的家长：他们在 iPad 上装几个游戏，一旦年龄不大的孩子哭闹，就拿出 iPad 对孩子说"宝贝，你消停一会儿，玩会儿游戏吧"。结果这一玩，就一直玩到了终点站。

在以上这些场景中，游戏已经超越了游戏本身的属性而成为工具，成为利益，成为钓饵，成为让孩子以行为作为交换的筹码。

让游戏超越了游戏本身是家长管理游戏的最大误区。

时间管理

在亲子共游的同时，让游戏回归其本身，才能更好地规避可能因玩游戏而带来的家庭矛盾。不过，在实践中我们依然会碰到不少问题。

比如，我们到底该和孩子一起玩多久？或者应该允许孩子玩多久？

不了解游戏的家长，往往会靠直觉选择时间，20 分钟，或者一个小时，到时间就喊停。但很多游戏其实并不适合用这种方法，这也是为什么在你定点叫停孩子玩游戏时往往会遭到反抗。

如果你不太清楚《王者荣耀》这样的游戏是以"局"为单位的，而单纯以"时间"为单位去管理孩子，到了 20 分钟必须停，但孩子可能正打到关键时刻，这样自然很容易出现亲子间的矛盾。

针对不同的游戏，我建议选择不同的管理方式。

比如针对线上竞技游戏可以约定玩"两局"；针对赛车游戏可以约定"单场三圈，一共三场"；针对球类游戏可以约定"两场比赛"；针对平台游戏可以约定"过两关"；针对《我的世界》这样的沙盒建造游戏则可以约定"造完这个房间"。如果孩子非常喜欢玩某个角色扮演类游戏，而这款游戏必须到特定的存档点才能存档，那我们完全可以人性化地采用"到下一个存档点后存档退出"的管理方式。

三个管理工具

除了时间管理之外，我们还要借助三个工具来辅助我们对游戏的管理。

第一个工具是游戏分级机制。我们不可能洞察所有游戏的优劣好坏，但万幸有一个得到业界认同的普遍标准，可以让我们在为孩子选择游戏时获得更多线索。你可以方便地在游戏的包装上或者发布页面上找到游戏的分级信息。

我们以比较经典的 ESRB 分级体系为例（见图 6-1）：EC 级别意味着适合 3 岁及以上人群；E 级别意味着适合 6 岁及以上人群；E10+ 级别意味着适合 10 岁及以上人群；T 级别意味着适合 13 岁及以上人群，这个级别的游戏是可以包含一小部分暴力、性暗示、血腥和模拟赌博的内容的；再往上是 M 级别，适合 17 岁及以上人群，允许包含激烈的暴力、色情和粗话内容；最高级别为 AO 级别，仅适合成年人；RP 则是指该游戏正在送审评估的流程中，尚无正式评级。在给孩子采购游戏前，请务必确定游戏的分级适合孩子的年龄与需求。

图 6-1　ESRB 游戏分级体系

第二个工具是游戏硬件上的家长管理功能。你可以直接通过设置电脑、游戏机、手机，甚至某些路由器来打开这个功能，限制这些硬件可以运行的游戏级别与可以展现的内容，具体方法可以在硬件的说明书里找到。

第三个工具是国内所有正规线上游戏运营公司都已经实施的"防沉迷"系统，甚至还有"未成年内容锁"这样的功能系统，如有需要，家长也可以多加利用。此外，家长也需要注意不要让孩子盗用了家里大人的身份证或者信用卡信息来绕过这些系统的审查。

利用外部的工具是一方面，另一方面，尊重孩子的个人意愿也是亲子共游的重要议题。**我非常建议家长让孩子提前参与到对玩游戏的相关规则的制定中来。**

规则制定

我相信在很多玩游戏的人的成长过程中,他们的家长在管理他们玩游戏的时候,其实并没有让他们参与规则的制定。我的大儿子每天玩什么游戏、玩多长时间虽然依然需要我的管理,但是规则都是他本人参与制定的。你想让一个人守法,最好的方法之一就是让那个人成为法条的制定者。如果你的规则不让游戏玩家本身参与制定,游戏玩家当然不愿意接受你的管理。所以,在管理孩子玩游戏这件事上,请终止"一言堂"思维,让孩子成为规则制定的参与者,他们自然就会更愿意遵守约定。《自驱型成长:如何科学有效地培养孩子的自律》㊀一书的作者威廉·斯蒂克斯鲁德(William Stixrud)和奈德·约翰逊(Ned Johnson)也在书中建议:家长有必要提前和孩子约定玩电子游戏的规矩,其中的关键点之一是不要在该退出游戏时弄得大家不愉快。

最后,**家长们需要额外注意,与游戏相关的媒体同样需要利用和管控**。今天很多人属于"云玩家",他们本身可能不玩游戏,但是通过看直播和录播视频的方式间接体验游戏内容。这其实处于很多家长游戏管理的盲区之中。因为承担不起游戏费用或者自己的游戏水平不高等原因,不少孩子会选择看游戏主播的线上直播,或者看各种攻略视频——不要以为只要他没有玩游戏,这事就和游戏没关系了。很多孩子在直播平台和视频网站上花费大量的时间,这同样需要家长提前介入管理。

在孩子玩游戏这件事上,家长需要做好的准备远远不止这些。这些准备或许可以帮助你规避一些风险,但不能保证你在管理孩子玩游戏中一劳永逸,再也没有难处。

所以,我会在接下来的章节中,好好谈一谈该如何解决家庭里因游戏

㊀ 本书已由机械工业出版社出版。

而滋生的矛盾。

答│疑│时│间

"我在给孩子买游戏的时候看到了 ESRB 分级信息，但是在分级标志旁边还有几个词组，这些词组是什么意思呢？"

查询游戏分级的官方网站是 esrb.org。只要在搜索框中输入游戏的名字，就能查出游戏的适用年龄，甚至还能看到评级机构专门给这款游戏出具的简评，简评中会更加具体地分析游戏中有潜在风险的内容。

至于那些总与分级标志一起出现的词组，它们对应的意思如下：

- 酒精相关（Alcohol Reference）：有关酒精类饮料的描述和图像
- 动画血液（Animated Blood）：非真实的血液飞溅或者非红色的血液飞溅
- 血液（Blood）：真实的血液效果
- 血腥（Blood and Gore）：血液飞溅效果和分尸
- 卡通暴力（Cartoon Violence）：以卡通手段描述的暴力，大部分角色都不会死亡
- 恶作剧（Comic Mischief）：有恶作剧倾向的对话和暗示
- 粗鄙的幽默（Crude Humor）：粗俗的笑话或者对话
- 毒品相关（Drug Reference）：有关毒品的描述或者图像
- 幻想暴力（Fantasy Violence）：可显著区别于现实生活的暴力
- 强烈的暴力（Intense Violence）：暴力的图像和描述接近真实世界的情况，有血腥、暴力以及枪械和其他武器对人进行伤害或者致死的场面

- 粗口（Language）：猥亵的语言
- 粗口歌词（Lyrics）：与性、暴力、酒精和毒品有关的歌词
- 成人幽默（Mature Humor）：即成人笑话
- 裸体（Nudity）：图片或者描述中包含裸体内容
- 部分裸体（Partial Nudity）：少量的或者轻度的裸体内容
- 赌博（Real Gambling）：类似于真实世界中的赌博
- 性内容（Sexual Content）：与性有关的描述
- 性暴力（Sexual Violence）：强奸或者其他暴力性活动
- 模拟赌博（Simulated Gambling）：不用金钱的赌博
- 强烈的粗口（Strong Language)）：直接的侮辱或者骂人的话
- 强烈的粗口歌词（Strong Lyrics）：比粗口歌词程度更深
- 强烈的性主题（Strong Sexual 内容）：描写性行为的内容，可能含有裸体内容
- 暗示性主题（Suggestive Themes）：暗示其他不适内容的主题
- 烟草相关（Tobacco Reference）：有关于烟草的内容
- 使用毒品（Use of Drugs）
- 使用酒精（Use of Alcohol）
- 使用烟草（Use of Tabacco）
- 使用暴力（Use of Violence）

关于分级机制的进一步信息，你也可以在 www.esrb.org/ratings-guide/ 查询到。

"我的孩子不和我一起玩游戏，怎么办？"

这种有点尴尬的情况的确可能发生。不过从经验来看，倒不是

孩子不愿意和你一起玩,而很可能是因为孩子现在玩的是一个单人游戏——他没法和你一起玩。

并不是所有的游戏都像任天堂游戏机一样,多插一个手柄就可以两个人一起玩了。

大量的角色扮演类游戏都是单人游戏,战略战术类游戏则需要多个设备才能多人一起玩。所以在开始尝试亲子共游时,我们还要看看软硬件的安排能不能满足我们的需求。

此外,不同的孩子"和别人一起玩游戏"的口味也不一样。有的孩子喜欢合作攻克难关,有的孩子喜欢彼此竞技,还有的孩子这两种都喜欢。如果你的孩子想与你合作,并且喜欢节奏慢一点的游戏,那你可以尝试在《大富翁》这样的回合制、有经营策略元素的游戏中,与孩子在商界"强强联手",大赚一笔。

当然,在玩游戏上,你开心也很重要。所以也不一定要完全迎合孩子的喜好,在海量的游戏中找到你们都喜欢玩的,应该并不困难。

就算孩子无论如何也不愿意和你一起玩游戏,也请你不要担心。在对孩子的游戏管理中,亲子共游是很好的方案,但并不是唯一的方案。建议你更有偏重地尝试后面章节中的方法。

第 7 章

当矛盾发生时

教育能否化解对抗

一场发生在家里的拔河

有一段时间我出国访学,我爸在家带孙子。那时我家大儿子已经有周期、有限制地接触一些优质的电子游戏了。老爷子管孙子玩游戏很挫败,因为他发现,当年他拿来管我的方法基本上都不太适用了。

我小时候玩游戏,我爸管我最常用的一招就是:藏。玩游戏的设备个儿大,他就挑一个不可或缺的小物件藏。玩红白机的时候,藏手柄;玩台式机的时候,藏主机电源线;玩笔记本电脑的时候,藏变压器。我看着好游戏,就是玩不成,干着急。

他有的时候藏得拙劣,以至于被我找到。用不了多久,我玩游戏又被发现，然后就出现矛盾和争执了。后来发展到：我放假在家，我爸天天揣着笔记本变压器去上班。

时过境迁，这招现在不好使了。iPad 拔了电源照样能用上个几小时，而我儿子的 Switch 游戏机，我爸连开关在哪儿都找不到。当"藏"这招不管用了，争执越发浮出水面，老爷子气鼓鼓，小朋友泪汪汪。

然而我突然意识到，游戏作为孩子跟家长争抢的重要物品，这么多年来一直扮演着资源的角色，而从来没有为这些争执、抢夺和妥协做点什么。

家长和孩子像拔河一样，各自往自己的方向死命拽着游戏。而游戏在整个过程中，作为一条"拔河绳"，一直是个无动于衷的"死物"，没有跳出来主动做些什么，没有什么自我管理的主动修正，唯一有所改变的，只是靠着新技术，让自己变成一个更结实、更好看的拔河绳，这样一来，两边的人拔得也就越发起劲了。

家长"镇压"孩子玩游戏，却总是遭遇"道高一尺，魔高一丈"的情况。当年的我翻箱倒柜地找电源线，甚至拿着不吃早饭省下的钱去网吧。而今 20 年过去了，我最近拜访的一家寄宿制中学，因为严格管控"手机进校门"，甚至出现了由学生自营的"黑手机租赁"业务。租手机做什么？当然是玩游戏。

矛盾的主体和解决方案没什么本质的改变。在亲子交互之中，游戏总是"导火索"，它本身也一直很被动地卷入其中，点了自己，炸了双方。

如果一直这样争下去，那么这个过程中将没有赢家。

问题是，很多人都没搞清楚，在这场拔河比赛中真正的博弈是什么？

到底是谁要对抗谁?

很多家长在发火之前,其实没有仔细思考过这个问题,当然,孩子也没有。家长本不打算对抗孩子,游戏也无意制造亲子矛盾,孩子在绝大多数情况下,也不是为了惹父母生气而玩游戏的。大家本都无意纷争,可为什么还会硝烟四起呢?

把这一切直接归咎于电子游戏从根本上就坏的罪恶本质,当然是最方便的,可这不一定是正确的。

在不同的时代,总有一些东西可以乘虚而入地影响一个孩子。如果孩子本身与父母关系不和睦、家长缺少科学教养的指导、外界与环境带来的压力太大,那么扑克、台球、蹦迪等在不同的年代都可能扮演与当下的电子游戏类似的角色,从表面上看让他沉迷,毁他青春,葬送他的未来。

家长们的逻辑很容易陷入类似"非我也,兵也"的谬误中,以为高强度地压制游戏、做高强度的游戏管理就能解决问题,比起疏通矛盾,更倾向于镇压矛盾。

但真正的游戏管理远远没有这么简单。

游戏管理可比取经路上

不同的家庭会带着不同的关于游戏的问题来找我。

有的带着比较积极的预设:孩子比较小,家长想找一些亲子一起玩的电子游戏,帮孩子早早培养这方面的自主能力。

但更多的带有已经很严峻的困扰:其中有事业有成的企业家,猛然发现孩子对游戏太过上心,在孩子身上完全看不到自己的影子;有特别优秀的教师夫妻，就是无法好好引导自己的孩子停止游戏；也有充满无力感的父亲，已经打了孩子好几次，但是孩子还是会想尽一切办法找到一个手机来玩游戏；还有本来非常信任孩子的家长，发现孩子把过年时收到的近万元压岁钱在五分钟内全部充值到某个游戏中，才突然慌了起来。

情况太多，不胜枚举。但有一个共同点是家长们都像唐僧一样，在打一场如同西天取经般的持久战；也都像唐僧一样，有着非常坚定的向往美好的信念。还有一点也和唐僧差不多：好像除了信念也没什么特殊武艺傍身，来解决各种各样与游戏管理有关的问题。

不少家长把孩子和游戏看作取经路上需要战胜的妖怪，但我觉得，其实孩子更像你需要好好教育的徒弟。虽然孩子之间有着各种各样的不同，但从表现形式上去区分，绝大多数孩子可以分为三类，恰好和唐僧的三个"顽徒"很相似。

下面我们就聊聊这"取经路上的三兄弟"。

大圣，请收了神通吧

我要做决定

第一类孩子像悟空，游戏是他反抗权威的竞技场。

悟空型的孩子普遍挺成熟、聪明，有点自己的小主见，能力强，底子也好，在家长看来，当然是个能成事的好苗子。

这类孩子偏偏有一个毛病：家长和老师安排的"正路子"不愿走，就喜欢在电子游戏里多琢磨、花时间，一旦不让玩游戏就急眼，面对家长对于电子游戏的管理，往往会爆发性地抵抗，有点大闹天宫的意思。

"这孩子真聪明，但就是不把聪明用在正道上！"老师和家长总是这么说。但"悟空"不想仅仅尝试别人指明的那些发展轨迹，却又苦于被压在无形的五行山下："既然你们都说我有能力，为什么不相信我可以做出属于自己的正确选择呢？"

所以游戏对于"悟空"来说，更接近于一块不愿意让老师和家长涉足的自留地，是他自己经营的"主场"。

因为能力突出，才华横溢，"悟空"的胜任感是很强的，但"成也萧何，败也萧何"，恰恰由于优秀，"悟空"往往面对着来自外界更多的期待和枷锁。看似能力突出、做什么都做得好，可实际上恰恰因为你会飞，所以在管理者的眼里连跑都变成了罪过。因为你本可以在琴棋书画上勤学苦练，所以连玩游戏都变成了浪费时间、虚度生命与空耗光阴。

"你既然这么优秀，那么如果不……，岂不是浪费了自己的天赋？"很多家长和老师都带着这样的观点，以"为了你好"的口吻，试图钳制"悟空"的成长与生活。

但"悟空"想自己做决定，他自己做决定的意愿，特别是证明自己能够做出不同于常的正确决定的意愿是如此强烈，以至于自己做决定的优先级超过了做出正确决定的优先级。

"既然你们把正确的答案都说了，那么我就要说不一定正确的——它是否正确不重要，重要的是它是我说的"。

这股劲让悟空当年大闹天宫，也让今天很多家庭里的"小悟空"与父母在玩游戏这件事上闹得不可开交。

盛产"小悟空"的家庭往往父母高知，家境殷实，资源充沛。所以他们找我的时候都带着不解：我们家这样的情况，怎么养出了这样一管他玩游戏就犯浑的孩子？

由于这些父母本人优秀，因此他们对孩子的指导意见非常明确，管理意愿也极为强烈。这些父母之中很多是在 20 世纪 90 年代或者世纪之交，靠着优异的学习成绩，靠着知识闯进美好新生活的"考一代"，他们往往带着对于某条人生路径的绝对执念，要求孩子必须这样，必须那样，再不济也要发扬家风做个"考二代"。

在这样的家庭里生活，往往不缺吃穿，父母在很多地方也算开明，也恰恰是这样的优渥环境，给"小悟空"的个人能力打好了底子。但奇怪的是，只要面对涉及个人成长的抉择，就有点像考试：父母往往提供客观选择题，你可以在学钢琴和学吉他里面自由选择，但如果你说要跟同学组一个重金属乐队，那还是算了吧。你还想说你要玩游戏？那你知不知道"玩物丧志"四个字怎么写啊？

时间一长，"小悟空"觉得自己的生活越发不受自己控制。他渐渐地可以理解为什么比自己大十几岁的哥哥姐姐被逼着去相亲，或者被逼着去考公务员的时候，会默默叹气了。

父母以为自己给孩子铺好了柏油赛道，只要孩子顺着标识加油跑就算功德圆满，但万万没想到自家这只"浑猴子"，就不在正道上好好往前跑，反倒想方设法地找一条"属于自己的路"。

这条路家长自己没走过，甚至没听说过，所以好言相劝："你是不见黄河不死心啊！"但"小悟空"把脖子一梗，呛声道："哪里有压迫，哪里就有反抗！"

家长生气极了,因为自认为从没有压迫过孩子,管吃、管穿、管教育资源,几时变成了压迫?

当事人最有发言权,"小悟空"自知有足够的胜任力,但面对家长已经筛过一轮的种种资源,他找不到足够的自主性。他必须要有一个自己的主场,在这里,就算父母、老师都有意见,他自己也仍能说了算。这个主场可能是玩乐队,可能是养宠物,可能是去谈一场不成熟的恋爱,当然也可能是投身于电子游戏。

所有这些活动都有一个特点:自我决策,拒绝家长的干预。

他不是沉迷游戏,而是反抗自己心目中的暴政,不管家长多么苦口婆心,在他为自治而做的斗争中,他都是"我命由我不由天"的普罗米修斯。用暴力对抗盗火者,会更让家长像个暴君,所以这不是解决"猴哥"问题的正确方法。

我能做决定吗

在北京,我认识一些搞"新教育"的办学人,用比较前沿的教育理念赋能有需要的青少年和他们的家庭。其中不少学校都认为在不受胁迫的情况下,孩子靠自由选择完成的学习,效果是最好的。因为这样才能培养出"快乐的清道夫",而不是"神经质的学者"。

不少家长会把孩子送到那里,因为他们的孩子实在很难适应公立教育的方式和方法。这些孩子倒不是有问题,更多的是有些特殊。其中就有不少是因为太爱玩游戏,才不能很好地融入公立学校的教育体系的,他们中有相当一部分就是悟空型的小朋友。

这些孩子来到对学生高度放权的新学校，由于作息时间自己定、学习安排自己定、要不要完成作业也自己定，他们往往会开始报复性地玩游戏，持续的时间有长有短。

在这个阶段，有的家长受不了，把孩子接回家，继续"牛不喝水强按头"地往公立学校的体系里塞，大多依然在内耗中慢慢耗竭两代人的幸福。还有的家长咬咬牙，继续等待孩子改变。不少孩子迎来了把自己"玩吐了"的那一天，有的在两周后，有的在半年后。

因为在这段时间里，悟空型的孩子慢慢开悟了：以前我只能掌控游戏，我像护食的藏獒一样，谁干预我玩游戏我就跟谁急。但是现在，我能掌控的好像更多了？因为就算我通宵玩游戏也没人管我，所以我其实是可以掌控、管理自己的时间的？因为就算我提出做一个与游戏相关的研究课题也不会遭遇冷眼，所以我其实是可以掌控、规划自己的学习的？因为就算我提出要专门留出时间来精进自己的游戏技能也会得到支持，甚至还能得到老师的指导，所以我其实是有选择长期目标的自由的？

当我拥有天宫时，我何必大闹天宫呢？当我拥有自主时，我何必挤兑自由呢？

悟空型的孩子其实很聪明，一旦从桎梏和枷锁中跳到更高的视角，他们很快就能反应过来，为电子游戏投入的权重自然就会下降。

很多家长面对自家悟空型的孩子，管理游戏的方式都是激进地对抗，没收手机、拔掉电源，甚至体罚，这有点类似天兵天将攻打水帘洞。结果呢？从上往下打得越凶，从下往上闹得也就越凶。

孩子总会有办法反抗，他可以在学校租其他孩子的手机，可以买个玩游戏的设备而尽量不让你知道，可以假装睡觉偷偷玩游戏，甚至可能爆发直接冲突。

这种方法是错误的，死磕到最后，将没有最终的赢家，有的只会是你对孩子的失望，以及孩子对你的愤怒。

"悟空"需要的是信任和足够的自主空间。这种信任并不是"鸡汤"式地信任孩子"一定会做出正确的决定"，而是要信任孩子"能从自己做出的每一个决定里有所收获——不管这些决定正确与否"。

信任孩子

在很多中国家庭的视野里，孩子似乎就不应该有一点做错事的体验，总是需要预先矫正，瞄准目标，一击即中。但真实的世界哪有这么随心所欲？作为成人，你我都知道，失败给我们的教训，要比成功教给我们的经验更多。那么，为什么孩子就不能自己做错一些选择，然后知道错误的后果是什么，进而获得更深层次的成长呢？

很多家长对于孩子的认识是非常矛盾的，他们信任孩子，因为他们让孩子什么都学，觉得孩子肯定都学得会；他们也不信任孩子，他们会在错误发生前想尽一切办法不让孩子体验错误，因为他们觉得孩子光靠自己处理不了犯错的后果。

如果你家有个悟空型的孩子，聪明而有主见，我其实非常建议你更多地在玩游戏这件事上信任他，相信他能做好自我管理。就算做不好自我管理，也能从错误与失败中总结教训，以后在这方面做得更好，甚至把在玩游戏上做自我管理的经验深化成一辈子的人生经验。

当我们发现悟空型孩子有一些沉迷游戏的苗头时，我们有告知的义务：我们可以提醒他们，以我们的经验和观察判断，他的某些行为可能会导致完不成作业、睡眠不足以至于第二天上课没精神，但我们不应该无限制地说教，或者镇压他们的行为。

因为对悟空来说，菩提老祖和唐僧都不是他最好的老师，现实才是。如果孩子玩游戏被我们痛骂一顿停下了，带着情绪去睡觉，那么第二天不管他状态好不好，他都不能理解"玩游戏太多会影响第二天的表现"这个道理。

所以，**自始至终的信任，加上设身处地的感受，伴随着善意的提醒，才是悟空型孩子真正需要的。**

在信任之外，我们还应该让"小悟空"在玩游戏这件事上有更多的自主性，从某个角度讲，你完全可以把这看作"信任"的进一步延伸。一定程度上，自主性赋予了他们在这件事上的权力感，如果在对玩什么游戏、怎么玩、玩多久这些事情的规划上，能够让孩子更多地参与进来，对他们的"招安"工作就会容易很多。

但是一定要记住，"弼马温"这样的官衔一开始是镇得住悟空的，但好景不长久。我们给孩子提供的自主性不应该是说说而已的表面文章，更要有所深入。

具体来讲，当孩子来找我们谈自己心仪的游戏时，我们不应带着嗤之以鼻的态度；当孩子讨论该在游戏上投入多少资源，不管是时间还是金钱时，我们也应该"好好说话"；当孩子向我们提出要增加游戏时间时，我们应该说："好啊，我们来谈谈吧。"而不是一口回绝："早就说好了，怎么能朝令夕改呢！"

在面对你家的"悟空"时，你应该具备透过现象看本质的能力，更应该具备时刻关注本质的觉悟,因为很多时候,"悟空"真正想要的不一定是玩游戏,而是对于自己生活的掌控感。

猴哥,咱把行李分了吧

爱玩的"八戒"

第二类孩子像八戒,游戏是他体会愉悦的游乐园。我曾经就是一个这样的孩子,现在看来,我大儿子好像也是。

八戒喜欢很多东西,要不然他师傅也不会给他取名"八戒",他要克制的欲望实在是太多了。他没有什么长远的宏大目标,也并不打算做什么巨大牺牲,还不喜欢和别人剧烈冲突。他更多地是想活在当下,玩点好玩的,吃点好吃的。他对矛盾、挑战和困难,第一时间往往保持距离,每次碰到风波,八戒就想分掉行李,回高老庄去找高翠兰,师徒几个人中,八戒怎么看都是对"取真经"这个终极目标最不在乎的一个。

八戒倒也不坏,就是喜欢玩。这不是罪吧?

同样,很多孩子也是一样,他不是要反抗,也不是要斗争,更没什么复杂纠葛的内心戏。他玩游戏太多惹家长生气,无非是两个原因之和:一是自己太爱玩;二是自控能力差。

这些孩子一般阳光而和善,谈起游戏来眉飞色舞,可玩游戏的水平却未必有多么高超。他们是游戏的爱好者,却并不是游戏的钻研者,他们喜欢玩游戏,却不一定喜欢死磕游戏,毕竟玩游戏是快乐、高兴的,要付出那么多去精通游戏?听上去就好累啊!

因为爱玩，"八戒"的情绪、情感往往不错，也不像"悟空"一样背负着极大的自我包袱。同样因为爱玩，"八戒"也往往对新鲜事物抱有足够的开放性，他们往往是外向的小朋友，也很愿意尝试新鲜事物。一定程度上，这帮助他们更好地参与社交，所以如果你家的孩子是八戒型的，他八成有不少喜欢和他一起玩游戏的好朋友——倒不一定是因为他玩得好，而往往是因为和他一起玩游戏会更有意思。

因为自控能力差，"八戒"在对玩游戏进行自我管理方面总是捉襟见肘，力有不逮。他往往不具备充足的时间管理、精力管理甚至身体管理上的经验和储备，很多家长说这是"自理能力"不够强，但我不这么认为。我觉得每个孩子都是很有"能力"的，"八戒"之所以不做，不是因为做不到，而是因为缺少做的意愿与意识，与其说是"自理能力"欠缺，倒不如说是"自立观念"欠缺（从这个角度来讲，"八戒"和"悟空"真的需要中和一下）。

这么一讲，相信你就不难理解：在资源充沛但管理散漫，尤其是有大人溺爱孩子的家庭里，很容易出现八戒型的小朋友——因为他们习惯了想玩就可以玩，又不习惯靠自己搞定生活的方方面面。

感性的"八戒"

话说回来，因为在生活中不缺爱，不缺安全感，"八戒"往往也比较感性，算是个挺好沟通的孩子，不至于和家长频繁爆发剧烈的冲突。这有好处：如果在沟通中晓之以理，动之以情，他很能体会到父母的不易，带着真情实感哭两嗓子，做出承诺，家长这时也挺感动，觉得孩子真的挺懂事。但这也有坏处：恰恰是因为太感性、随意，他们的情感稍显廉价——"八戒"是最容易出尔反尔的孩子。并不是他们当初做出承诺时不真诚，而是因为他们做出承诺时往往太冲动。也同样是因为这份冲动，当面对有趣好玩的游戏和宽松自由的环境时，"八戒"就忘记之前答应的事了。

同"悟空"一样，"八戒"最大的问题也不是游戏。

对他来说，最大的问题是不会应对自己的冲动，不会和诱惑打交道。"八戒"不只是忍不住玩游戏，也忍不住立刻就要把所有产生诱惑的冲动付诸实现。所以我接触到的这类青少年不仅有沉迷游戏的问题，还可能有暴食的问题、参与线上赌博的问题，以及沉迷色情视频的问题。

有一次，我带领一个工作坊，小组中有两位母亲，刚好一个是"悟空"的妈妈，一个是"八戒"的妈妈。

"悟空"的妈妈先说话："游戏就是我家孩子的逆鳞，你一提、一碰、一管，家里就要翻天！一天一小吵，两天一大吵，天天撕破脸，我真的不知道该怎么办了，很痛苦！"

"八戒"的妈妈接过了话茬："挺羡慕你，你们打的是硬仗，不是东风压倒西风，就是西风压倒东风。我家这个，连软刀子都算不上，软硬不吃、油盐不进，你和他聊他听着，你和他讲他应着，从不和你争论，说啥是啥，有时候情到深处了还哭两声，但全是鳄鱼的眼泪！一转眼，刚才说的就全忘了，甚至我都不知道这游戏有什么好玩的！你家孩子是不给你希望，我家孩子是每次都给我希望，然后每次都把希望摔得粉碎，我更痛苦！"

你听，在跟家长聊游戏的时候，"八戒"练的是"吸星大法"，和"悟空"相比，他带来的是截然不同的另一种痛苦，另一种管理上的困难。

怎么办呢？

和"八戒"聊未来

作为家长，我们要学着理智地看待"自控"这件事。

你一天到晚对孩子讲："你要自律啊！你要管得住自己啊！你明明知道怎么做是对的，为什么不那么做呢？"这其实意义不大，因为这看似简单的话语往往并不成立。别说孩子了，你本人其实也没做到，不是吗？

人不一定会做对他最有利的那件事，如果真的能总做最有利的事，作为成年人，我想你早已减肥成功、年入千万、家庭和顺了。对孩子来说也是同理，我们不能奢望孩子一旦知道了怎么做是对的就会去践行。

加拿大心理学家乔丹·彼得森认为，这种现象的原因在于每个个体的"自恨"，因为只有自己才知道自己有多配不上那些"善待"，所以才会自甘堕落，逐渐沉沦。

对于一个爱玩游戏的孩子来说，如此深刻的心理解剖有些太残忍了，但这种视角依然值得借鉴。八戒型的孩子也许不至于有什么"自恨"的情结，但好像对于自己到底能否管理好自己的生活走向，对于自己的人生到底要走向什么方向缺少概念。

在与八戒型孩子沟通的过程中，我发现了一个非常普遍的问题：他们往往并不能说出一个心中坚定的长期目标。这和"悟空"不一样，"悟空"被压制得太久，所以只要有条离经叛道的路就要走；"八戒"是安逸惯了，所以不知道何去何从。很多"小悟空"一脸坚定地对我说"我要当《英雄联盟》的职业竞技选手，打比赛"，不管这个理想有几分靠谱，但这份拼劲是值得认可的。但很少有"小八戒"会这么想，他们不仅没打算做职业玩家，甚至任何长期打算都没有。他们心里想的是"今朝有酒今朝醉"。

不是游戏让这些孩子不自律，是这些孩子的教育背景让他们缺乏长期目标，所以才选择了最唾手可得的电子游戏作为解决方案。

想让八戒型的孩子自律，家长的第一选择往往是行为上的管控和约束，但我觉得这充满了亡羊补牢的意味。真正解决问题的手段，是让"八戒"找到一个超越当下即时享受的、值得为之奋斗的目标。

让"八戒"沉沦的诱惑往往能够及时兑现：吃、玩、爽。这就成了"八戒"的舒适区，让他不擅长也不愿意往远处看，想想自己到底能走上怎样的道路。

所以，在和你家八戒型孩子沟通游戏管理的时候，不要就事论事地谈游戏，先要聊的话题是帮助他找到自己在未来可以成为怎样的人，想要成为怎样的人，需要怎么做才能成为心目中那样的人。

一个好消息，一个坏消息

成长的方向、理想的职业、未来的专业比"能不能别玩游戏"的说教更重要。

这方面，有一个好消息和一个坏消息。

好消息是，这些乐观的八戒型孩子，其实在游戏之外也容易喜欢上别的东西。

我发现这些孩子中的绝大多数都不排斥尝试新鲜事物，只要是能引起他们兴趣的、有意思的事物，他们就愿意花点时间研究。他们对新鲜事物的尝试，就像一个"吃货"对一家新开的特色火锅店的尝试一样，容易诱导，又顺其自然。你可以让一个爱玩游戏的孩子试试做直播；剪辑一下自己的游戏视频，再配上解说；用游戏里的CG（计算机绘图）做个MV；在英语课上准备一个和游戏相关的小演讲；甚至自己策划一个魔幻游戏的剧本来练练写作。我见过很多曾经爱玩游戏的"小八戒"，游戏多多少少影响了他们未来的兴趣与职业走向，他们成为音乐人、程序员、新媒体运营，还有一位因为玩《欧陆风云》爱上了世界史，后来学了历史，当了老师。

当然，你也可以跳出游戏的限定。既然孩子喜欢感受良好的体验，那除了游戏之外，还有什么事情能让他们有这样的体验呢？其实有不少，比如体育、艺术、表演、写作、辩论、工程、户外探险等。当然，孩子在游戏中积累的一些技能与经验，也能迁移到这些项目中来。

你很难靠一句话让孩子从游戏直接过渡到学校开设的语数外，但你起码可以找到上面这些兴趣作为中介。而这些兴趣，都有一个共同的特点：和某款具体的游戏相比，它们往往具有足够宏远复杂的精进空间，所以更加适合当作目标。

坏消息是，"八戒"的家长，往往给孩子创造过度充裕的资源。

很多"小八戒"都有一个这样的外婆或者奶奶：当他们需要一笔钱去买某个游戏，甚至某款几千块钱的游戏机时，这个慈祥的老太太就会不假思索地掏出这个月的退休金。老太太本人对于电子游戏根本没有概念，但是她有着祖母的单纯关爱："我家大孙子想要，那就买！"

我不是说祖辈给孙辈买礼物有错，而是说这样的行为直接验证了很多孩子心中的一种生活图景：只要我想要，就一定能得到。往好了讲，这样的环境让孩子有充裕的安全感；往坏了讲，这样的环境让孩子没法很好地与养育环境多元化互动。如果需要什么只要"要"就可以得到，那么他就无法体会到什么东西是争取来的、挣来的、赢得的，在他眼里，东西都是"要来的"。

这其实很容易转化成对自身行为的无力感。就像我们减肥，一开始"水膘"掉得快，很多人都因为减肥卓有成效而欢欣鼓舞。但慢慢身体进入"平台期"，任你运动多大量、吃得多少量，体重就是纹丝不动，这时就会有大量的人放弃减肥，因为努力不再能够得到反馈了。

八戒型孩子要得到反馈从来都无须努力，"要"就好了，但每次尝试与努力都未必能得到反馈，因为家长不是没看到就是不认可。甚至因为溺爱，很多家庭还会阻止或代劳一些孩子自发的努力行为，比如系鞋带或包书皮一类的琐事，所以不少家境优渥的孩子的自理能力都比较糟糕。

恰恰是"努力-反馈"的链条断裂，加上生活中随处可见的"你要就有"，使得八戒型孩子很不擅长设立中长期目标，而更喜欢"想一出是一出"的状态。

我的建议

针对八戒型的孩子，我的建议很简单：**与其谈游戏，不如谈自律；与其谈自律，不如谈目标；与其谈目标，不如体验如何设定并追求目标。与此同时，还要增加孩子日常行为的多元性并管控过分的养育资源。**

很多家长会反驳我："我家孩子就是八戒型，他从小就上各种兴趣班，但也没见他培养出这种以长期目标为基础的自律能力啊！"

我想，这其中的一个很大的原因，就是不少家长太在意为孩子选择的这些兴趣班有怎样的功能性，而非有怎样的娱乐性。

我见过很多父母，会给孩子看别的小朋友弹钢琴弹得飞快的视频，对孩子说："你看看人家弹得多好！"注意，家长没有选别的孩子喜欢弹钢琴的视频、享受弹钢琴的视频、靠弹钢琴抒发个人情感的视频，而偏偏选了一个炫技的"弹得快"的视频。一个弹琴水平不一定高超，但是弹得非常开心的孩子，在不少家长看来纯属瞎凑热闹，是上不了台面的。而实际上，钢琴弹得好不好并不能仅仅从一个孩子手灵不灵活，弹得快不快看出。这一方面暴露了家长本人对于这些专业知识的无知，另一方面也体现出家长给孩子安排所谓兴趣班的时候，往往是功利先行。而在孩子的视野里，如果这件事与趣味无关，也不能构成什么自己感兴趣的宏大目标，在这方面的能力还动不动就要被拿来和其他高手比时，他当然不愿意为这件事投入精力了。

回到我自己的青春期，新世纪伊始，在玩游戏这件事上，我也是八戒型孩子的一员。我的游戏水平一直都不高超，但是我真的很喜欢玩各种各样的电子游戏。

那时的我，以借读生的身份，在北京读高中，每个星期大概有半天的时间可以用来玩游戏，集中在周末。平日里，当实在无法玩游戏的时候，我就在脑子里琢磨下一次玩游戏的窗口期到来时，我要怎么安排和分配时间。

当时的中国，电子产品和互联网的普及程度不够，以至于很多用户需要靠纸媒来了解行情，学习技术。当时我订阅的一本叫作《电脑爱好者》的杂志刊登了一篇文章，讲的是如何在某个开源的游戏制作软件里制作一个宝箱。在看到这篇文章之前，我从来没有想象过其实我可以尝试自己做一个游戏。所以在那个周末，我拿着杂志，下载好软件，用有限的时间做了一个非常拙劣的游戏场景。

这个场景我不是很满意，因为它太简单了——只是让人物走到箱子旁边，然后打开它。我想把这个箱子做得复杂一点，配上一个"找到钥匙才能打开"的环节，而且在箱子打开后，钥匙要消失。对于杂志上登出的那篇文章来说，这个要求很明显"超纲"了，不得已，我只能自己翻阅软件的说明文档，加上不断试错，来鼓捣这个功能。

万幸，这个功能被我这个外行"瞎猫碰见死耗子"般地做了出来，我异常兴奋，兴奋到想要续写之前杂志上的教程，再给杂志发回去。至于是否能刊发，谋事在人，成事在天了。我这么想着，也就在课余时间这么做了，编辑好文档，一封邮件发走，也算对得起自己这一番折腾。

写文章的时候我高二，三个月后，我已经高三了，文章刊载在最新一期的《电脑爱好者》上，我知道后分外激动——这虽然不是我第一次发表文章，但是我第一次在一家全国发行的刊物上发表带点专业性的文章。我爸和我一样激动，买空了我家方圆两公里内所有书报亭的那期《电脑爱好者》，一直存到了今天。

回想起来，这件事是一个原点，从那时开始，我知道自己就像喜欢玩游戏一样，也喜欢"用写东西的方式教别人解决问题"。也正因为此，15年后，我在这里为你写了这本书，这已经是我写的第五本书了。

今天我的大儿子在玩游戏这件事上，也有点我当年那"八戒"一般的影子，但我并不太焦虑：一方面，孩子总要有这个贪玩的阶段；另一方面，谁知道玩着玩着，他会玩出什么有意思的东西呢？

游戏完全可能以一种家长事先完全想不到的方式成为改变"八戒"的契机。真想让"八戒"把什么都戒掉往往不现实，因为全都戒了，那他也就不再是他自己了。反而是那些看似要戒的东西背后所代表的热情、好奇心与主动的尝试，才可能真的成就"八戒"的未来。

大师兄，师父让妖怪抓走了

佛系的沙僧

第三类孩子像沙僧，游戏是他逃避挑战的安全屋。

沙僧一直都没什么存在感，但他确实存在。沙僧也是无助的，每当出了什么事，不仅没人帮助他，感觉也没什么人需要他的帮助。很长时间里，我一直觉得西游记里安排一个沙僧，是因为如果没有他，师徒一行就凑不够一桌麻将，旅途会孤单。不仅我这么想，还有一些喜剧人也揶揄沙僧这个角色台词单一，只会说"大师兄，师父让妖怪抓走了"。

后来我发现，沙僧其实代表了很大一批人，很大一批真实存在但不愿呐喊的人。就因为没发出过声音，所以外界老注意不到他们的存在。

不愿在真实世界中呐喊就是沙僧型孩子最大的问题。"悟空"和"八戒"要解决的是自己与自己的纷争，"沙僧"要解决的则是如何与世界对话的问题。

在来与我聊游戏的孩子中，悟空型的孩子爱谈他想要什么，八戒型的孩子爱谈他爱玩什么，但还有一类孩子压根就不爱谈，你跟他说话，他顶多用一些语气词来回应："嗯""哦""啊"。

每当这时，我就知道自己又碰上了一个不善言辞的"小沙僧"。

不少成年人面对这样的孩子时会非常烦躁。对方这种很"丧"的状态、对所有事情都提不起兴趣的样子,以及缺少有主动性的反馈,会非常容易击中成年人在沟通中的怒点,他们会想:这也"佛系"过头了吧?这一代年轻人本该是八九点钟的太阳,朝气蓬勃,怎么会这个样子呢?

实际上,"沙僧"只不过在用"不说不做,也就不会错"的策略来迎合大人们对他在"乖巧"上的要求,但又因为有着个性化表达的刚需,所以只能在游戏里松口气。

游戏是接盘者

对于"沙僧"来说,家庭往往不是一个表达自我的安全环境,学校也不是,在两大"主力"发挥不力的情况下,游戏成为仅剩的替补队员。

我当然认为一个孩子能在家庭中和同龄人中勇敢、自由、自信地表达是件好事,但如果这些环境都让他觉得不安全,肯定就需要有一个"接盘"的环境来让他做自己。

很多家长会反驳我:"怎么会呢?勇敢地说出来啊!表达啊!"

知易行难。这有点类似于林丹和你打羽毛球,一个在林丹看来再普通不过的扣杀,直接"轰炸"到你的半场,在你反应过来之前,球已经重重砸下。

你当然接不住,但林丹却对你狂吼:"怎么回事啊?你就那么一接,不就接住了吗?这很简单啊!"听完这话,你说你会怎么做呢?恐怕很少有人能真的做到林丹所指导的那样,也很少有人愿意在这种不被理解、不给空间的环境下奋勇争先吧,绝大多数人的做法恐怕是换一个对手,好好地在匹配自己能力的水平上享受羽毛球。

同样的事情就发生在"小沙僧"身上，只不过是把"羽毛球"换成了"表达自我"。

与"八戒"的家庭截然不同，"沙僧"的家庭往往过于严苛，对于孩子的个性化表达与发展中的自我也不够敏感，而且往往父母中有一个处于家庭中的绝对地位。

与"悟空"一样的是，"沙僧"在成长的过程中，提出过关于自己未来发展的想法，表达过自己的激情所在，谈过那些与自我相关的奇思妙想，只不过那时他还小，所以想法中有些家长不能接受的稚嫩之处。

与"悟空"不一样的是，遭遇质疑或者否定之后，"悟空"选择了逆流而上、死磕到底，而"沙僧"选择了破罐子破摔，在来自父母的高压管理与唠唠叨叨中选择了不说话。

"当我不回答时，咱们就不会有矛盾了。"

曾经有一对母女来找我，原因是女儿太过喜欢某款网络游戏，而妈妈对此意见很大。

在有限的交流过程中，妈妈说的话占据的比例超过 80%，我说了大概 15%，小姑娘说的话可能连 5% 都不到。

之所以这样，是因为这位强势的妈妈基本上一直在当着我的面数落孩子，唠叨她身上的种种问题。她的控制欲和表达欲太强烈，以至于不仅让孩子没机会说话，甚至多次打断我，让我也没机会帮她分析，给她建议。

这位妈妈从讲述自己管孩子怎么不容易，到抱怨孩子宅在家里不出门，再到讲自己已经带孩子看了多少专家，但孩子就是没好转——连珠炮一般，不容别人打断，而她自己也很投入，连口水都没喝。

在我看来，她的行为要比她的话语暴露出更多的家庭隐患，因为几次我鼓起勇气想插话却没挤进这位妈妈绵密的表达中时，坐在我对面的小姑娘都向我投来有这样一种含义的目光："你知道我平时经历的都是什么了吧。"

语言学中有个概念，叫作"话轮"，指的是人们在交流过程中，你一言我一语地轮流说话，就能让大家的话语转起来。但我很容易就能想象到，在这对母女的家庭中，怕是很难有什么大家都参与的话轮，而更多的可能是这位妈妈用自己卓绝的表达能力、充沛的负面情绪以及海量的批评话语，碾压过其他家庭成员的心灵。

面对这样的妈妈，作为她的家人，你吵不过她，说什么都被否认，怎么说都是自己错，也许她真的是刀子嘴、豆腐心，但说出的话如泼出的水，伤害总是来得不由分说。这时候，最好的策略是什么呢？就是不给对方任何能拿来批评的素材，什么都不说，什么都不做，这就是他们的金钟罩、铁布衫。

我后来与这家人的"小沙僧"单独聊了聊，在知道我也玩很多游戏后，她的心理防御明显放下了很多，甚至还告诉我她在网游里交了个男朋友，没见过面，但她相信这是爱情。现在每次她妈一絮叨，她就想着稍后把这件事分享给男朋友，两个人再一起吐槽一下，这么一想，妈妈说的那些话好像也就没那么可憎了，保持沉默也就没那么难了。

但人总不能时时刻刻沉默，家庭成员们总有不吐不快的感受。孩子的爸爸可能好一些，在事业上没准也能有些属于自己的"高影响力时刻"。但孩子呢？他们出生在这样的环境中，从始至终被别人用语言像机关枪一样扫射着，总是被约束，时常被批评，完全没有表达的可能。

他们根本就没有过对表达的训练，长期的被管制也让他们失去了对自我的良好认同，以至于很多孩子在融入校园和同龄人群体时也会困难重重。此外，他们还掌握了在日常生活中"少做少错，不说不错"的生存哲学。

有一个地方足够包容，也能够让他们安心试错，还提供了真人交互的可能性，那就是游戏中。

所以"悟空"爱玩竞技性强的游戏，这让他们产生更强烈的自我认同；"八戒"爱玩娱乐性强的游戏，这让他们更能收获快乐；而"沙僧"喜欢玩的游戏往往是有社交体验的网络游戏，因为"缺啥补啥"。

这么一来，高压的环境、在真实世界中的适应不良，以及游戏提供的"安全屋效应"，就构成了一个恶性循环。想解决这个问题，恐怕要从家长的养育模式着手。

共同查纠

沙僧型孩子最大的问题是什么呢？是对当下不乐观和对未来没动力。

所以家长在尝试影响他们的想法时，请一定要强调他们的自我意识——虽然大多数"沙僧"的父母都更倾向于强调自身的意志。

在这方面应该如何应对呢？《自驱型成长》一书中提到了一类孩子，与"沙僧"非常类似，而作者给出的解决方案我也高度认同。他们建议这样的沟通方法：沙僧型孩子之所以沉浸在游戏中，是因为游戏给他们提供了他们需要的东西——虽然他们自己未必能说得很具体，但知道这东西究竟是什么。那么我们不妨从"孩子，你究竟想要什么"这样一个问题开始，注意，是心平气和地问，而不是带着质疑的那种反问。

有很多孩子其实从没问过自己"我究竟想要什么",而很多父母也没问过孩子这个问题。所以对于这些没激情也不乐观的孩子来说,他们要考虑一下自己的特殊才能与生活目的。他们应该问问:"我想要什么?我喜欢什么?"就算你作为家长给不出答案,你也可以帮他提提这些问题。

其次,你还可以帮孩子多关注他们擅长的事情。恰恰是因为这些孩子不知道自己在真实世界中更擅长什么,导致他们只能蜗居在电子游戏里。

当然,这也有挑战。因为和"八戒"不一样,当你让"沙僧"去尝试新鲜事物的时候,许多这样的孩子会下意识地回避自己可能存在的天赋,比如:"谁都能做到。""我都能做好,那一定是因为这件事太容易了。"

他们经常忽视自身的才能,而专注于他人最擅长的领域。一旦他们发现自己的短板,则只是进一步证明了之前的悲观预期,并在游戏中越陷越深。

最后,很多这样的孩子都有些"宅",会拒绝做任何新的或不同的尝试,并有一个狭窄的舒适区。他们通常喜欢读小说、独奏乐器或玩电子游戏,而非参与更积极和有挑战性的任务,往往也不愿意把自己置于不熟悉的社交场合。

许多父母说,如果他们不一直催促,他们家孩子除了上学,能憋着一直不出门。我能理解,面对这样的孩子,家长很难忍住不唠叨,然而,唠叨无法激励他们去尝新尝鲜。

家长要明白:当要适应新情况时,这样的孩子通常缺乏对能力的灵活把控和信心，而这可能导致他们对尝试新事物产生焦虑。所以，你可以在与孩子的交流中和他达成合理的"妥协"，上限是你对孩子的活跃度和参与感的期待，下限是新鲜事物给孩子带来的不确定感和挑战性，在此之间达到平衡。

跳出恶性循环很难，一瞬间发生翻天覆地的改变也不太可能。我们作为家长应该做的并不是高压管控，而是自纠自查，因为我们唯独先迈出一小步，才能助推孩子迈出一大步。

分析完这三个类型的孩子，你可能会说："我家孩子才不是那三位斩妖除魔的高人。悟空、悟能、悟净？我看他更接近于取经路上碰见的九九八十一难！"

"这孩子，发起火来像黄风怪，耍起滑来像蜘蛛精，犯起犟来像牛魔王……我家两个孩子，别的共同点没有，但是一管起他们玩游戏来，两个人都炸毛，正好一个金角大王，一个银角大王！"

"不用跟我说我孩子是三种类型中的哪一种，我现在很确定，我家孩子对游戏上了瘾！你告诉我，我该怎么让他戒掉这个坏习惯？"

我能理解，作为家长，从主观上，管孩子玩游戏时你有着对抗一个小妖怪的无力感和焦虑感，但是从客观上，你其实缺乏评价一个孩子是不是妖怪的能力和身份。

成瘾标签

很多家长找到我，开门见山就是一句话："我家孩子有游戏瘾/网瘾，怎么办？"

这个问题把自己撇得干干净净，因为既然是孩子有某种瘾，那要么是孩子的问题，要么是游戏或网络的问题，要解决这个问题，就看治其中哪一个了。

当我让这些家长拿出权威机构的诊断证明，或者能说明孩子有网络成瘾障碍或电子游戏成瘾临床表现的材料时，绝大多数家长都拿不出来。这种评价，更多是经验性的、带着情绪的、和扣帽子一样的贴标签。

不少家长明显提前做了功课，会向我强调："2018年6月，世界卫生组织已经将电子游戏成瘾列入精神疾病了！"

世卫组织的决策我也很支持，但它这么做是为了让既有的诊断体系能够跟上时代的步伐，而不是为了让本来没事的人遭遇"飞来横祸"的困扰的。精神疾病诊断标准里还有"工作狂"呢，照有的家长的逻辑来讲，那大家是不是也都别上班了呢？

一个人喜欢玩游戏就说他是精神病，就像一个人呛了口水咳了两声，就把他定性成肺癌一样，是无端而可笑的。

事实上，真正的电子游戏成瘾，并没有很多成年人想象中那么普遍与严峻，的确存在有人因为玩游戏而整个月待在网吧某个角落的极端情况，但大多数玩游戏的孩子并不是不可救药的疯子，是可以正常沟通与交流的。

普通的游戏玩家不该被差别对待，而真正患有心理障碍的孩子一定要得到妥善的帮助。家长缺少的，是对这两种情况加以分辨的能力。

一部分家长会认为根本就没必要分辨，游戏就如同毒品一样，跟海洛因、冰毒和摇头丸的作用机制一样，刺激大脑进入一个充满妄想的狂诞状态，孩子根本没法理智思考，当然也就放不下游戏手柄了。

事实远远没有这么严重。如果单单评估给孩子的大脑神经系统带来的刺激的话，电子游戏起到的作用，和吃一块夏威夷风味的比萨差不多。而安非他命类药物能起到的效果，是电子游戏的 6 倍，甲基苯丙胺（也就是冰毒）则达到了 9 倍。

所以让我们放轻松，好好考虑一下，什么样的问题才是值得我们关注并深究的。

在分辨孩子是否成瘾时，像美国儿童心理学家道格拉斯·简特尔这样的研究电子游戏成瘾的学者，会使用如下评估标准：

- 在花了多长时间玩游戏这件事上说谎。
- 为了获得兴奋感，花费越来越多的时间和金钱。
- 玩的时间减少时，会烦躁或不安。
- 通过游戏来逃避其他问题。
- 为了能玩游戏，不再做日常工作，也不完成作业。
- 偷游戏，或者偷钱买游戏。

孩子越多、越频繁地做出上面这些标准中的行为，家长就越应该提高警惕。这里的提高警惕，并不是说孩子在哪个方面表现不好，你就要进一步严格管控——这些评估表现出的是结果，而你需要做工作的地方应该是原因的发生地，完全可能另有战场。

比如说，有研究发现，最容易在电子游戏、社交媒体或互联网使用方面发展出成瘾情况的孩子往往具有某些特征，比如易冲动、社交能力不足、抗压力水平不够、缺少认知灵活性、容易钻牛角尖，以及存在社交焦虑。

此外，在电子产品成瘾这件事上，男孩会比女孩更脆弱一些，而且遗传因素也在发挥作用，尤其是涉及调节多巴胺系统和影响能参与情绪调节的血清素受体的基因。

很多家长会认为："这孩子本身就有问题，加上电子游戏的百般引诱，就好像屋漏偏逢连夜雨，问题自然会爆发。"

我能理解这种想法为何出现，因为在大量家长的眼中，网瘾和游戏成瘾的逻辑是很简单的，它大概是这样一个公式：孩子 + 游戏 = 成瘾。但这只探讨了玩家和游戏的双边关系，其实是不够的。

按照这个逻辑，要想等号右边的消极结果不出现，解决方案非常容易浮出水面：一方面"管住孩子能接触到什么东西"，另一方面"不让游戏出现在孩子的生活中"，这个问题不就解决了吗？

很多人是这么想的，也就这么做了。于是"特训营"性质，甚至"集中营"性质的"戒断服务机构"出现，各种各样的戒瘾手法开始流行，从拉练、组织忏悔、背诵文章，到电击、高温禁闭，甚至强制服用药物，有靠谱的，也有很多不靠谱的，层出不穷。"乱世还需用重典"，大人们都这么想。

不少机构用的招狠，收起费用来下手更狠。一些让孩子去沙漠这样的地方参与治疗，或者断网停电，将孩子完全隔离起来的机构，对每个戒断疗程收费高达三万元。

但效果呢？几乎没有任何有效研究能够证明，这些强制戒断项目所起到的效果能在孩子们回归日常生活后得以延续。

要真正解决问题，这其实不一定是最好的方法。万幸相关的政府机构、医疗机构、媒体也注意到了这一点，所以我们才看到了越来越多的严肃探讨。

认为孩子接触游戏，就是一个没有自控力的个体和一个充满了诱惑力的魔鬼接触，人加上瘾源必然招致上瘾，这本身并不成立。由于丈夫抽烟，很多女性饱受二手烟之苦，也算和瘾源天天接触，但也没有染上烟瘾，反而还恨了一辈子香烟，不是吗？

我们有必要更加复杂化地去认识电子游戏与行为成瘾之间的关系。这个公式其实应该是这样的：（孩子 + 游戏）/ 社会环境 = 成瘾程度。

这个公式指的是，在孩子与游戏接触的过程中，社会环境的好坏在很大程度上影响了是否会真正出现成瘾。

多伦多大学的哈罗德·卡兰特（Harold Kalant）教授在《成瘾》期刊上举过这样一个经典的例子：在美国内战时期，由于对于麻醉剂的理解与管理都有限，很多军人都能接触到它。而当时的社会文化氛围对于靠这些麻醉剂缓解疲劳与焦虑是相对纵容的。这造成的一个严峻后果，就是不少老兵都存在麻醉剂上瘾的问题。

到了当代，麻醉剂仍然在临床中有应用，很多病人接触到麻醉剂的剂量和频率，其实都不算低。如果从纯粹生理的角度来讲，内战时期的军人和当代的病人都有同样的机会成为麻醉剂成瘾的俘虏，但现实情况却是大量的病人即使暴露在麻醉剂的影响下，也不会出现成瘾的症状。究其原因，并不是身体上的巨大差异，而是社会、文化与环境的不同，影响了成瘾的发生。一方面，医生会严格管理麻醉剂的使用，并知会病人他所面对的风险；另一方面病人自己也会多加小心，周遭的家人与朋友也不会放纵或鼓励他在不必要的情况下使用麻醉剂。在这方方面面因素的积极影响下，就算使用过多次麻醉剂，这位病人也依然不会有成瘾的表现。

同样的道理，也适用于孩子对于电子游戏的成瘾。比如在同一所中学的同一个班级中，男生们接触同一款网络游戏的概率是差不多的，但是那些被霸凌、父母关系长期失调，或者家庭经济状况长期不好的学生，本来就面临社会环境、个人性格、家庭资源方面的负面影响，自然就会面对更大的成瘾风险。拥有非常良好的社会环境的孩子纵然接触了大量的电子游戏，也不会有多么高的成瘾风险。

美国的一项研究发现，难以融入社会的男性中有35%可能做出对身体极为负面的行为，比如长期酗酒。相应地，社会融入程度更好的男性人群中，只有10%的人有类似的问题。

那么，哪些不利的社会环境会让人面对更大的风险呢？

毫无疑问，文化中对于成瘾源的错误认识就是一类。**过度美化可能带来风险**：像我小时候，很多男生认为叼根烟特别帅，给自己的成熟度加分，所以不少同学有样学样地开始抽烟。**过度丑化也可能带来风险**：很多家庭把游戏当作禁果，那当孩子碰到亲子矛盾，想彰显自己的叛逆时，自然也会首选电子游戏作为战场。

社会的隔离与忽视，也容易让人昏头昏脑地走上成瘾的道路。作为灵长类动物，人一旦无法融入群体，缺乏社会地位，往往就会陷入压力之中。这种压力是多方面的，不合群会带来经济压力、社交压力、碰到危险时更差的抗风险能力，等等。压力让人焦虑，也让人短视，所以如果什么东西在当下有安抚的效果，哪怕长远来看会产生恶果，也很容易在这时乘虚而入。人们暂时解决问题的同时，也不得不考虑怎么才能暂时解决下一个问题，就这样，欲罢不能。

外界的高压和过度管控，也是不容忽视的影响因素。很多人玩游戏的初衷是为了缓解压力，释放情绪，那如果总是有压力，总是有情绪呢？要知道，不仅被忽视会带来压力，太被重视，时刻紧绷也会带来巨大的压力。所以很多对游戏过分投入的孩子，并不一定是被父母忽视的孩子，恰恰相反，他们完全有可能是被过度重视的孩子，总是被牵着鼻子做这做那，所以才总是需要靠电子游戏"压压惊"。

说一千道一万，对电子游戏过度投入并不仅仅是孩子与游戏之间的私事，更涉及家庭教育、亲子关系、学校生活等方方面面。

当游戏诱发了矛盾，甚至激发了剧烈的冲突时，我们就不应该再把这看成一场拔河比赛了，而是应该学着关注其中同样重要的方方面面。

如果游戏成为矛盾的导火索，我们要做的并不是一刀切地否认游戏的价值，把它看作我们需要对抗的对象，这太有亡羊补牢的嫌疑了。我们要做的，是工作前置，预先干预，防患于未然，这样才能更好地让游戏服务于孩子的成长。

总之，我们最好停止"拆东墙补西墙"，而应该在一开始就做好一系列管理上的规划。

答 | 疑 | 时 | 间

"我的孩子拒绝我对他玩游戏做的任何管理，一提这件事就要生气，怎么办？"

的确，很多时候就算家长做到有理、有据、友善、有序的管理，孩子也会非常不配合，甚至表现得非常霸道，非常"熊"，难于管理。

这件事从根本上讲，道理非常明白——如果一个人完全不配合管理，那他配不配得到管理者才能掌控的资源呢？

对孩子来说，他可以决定自己的时间、精力花在什么东西上，毕竟"牛不喝水强按头"的事，家长也不该做。

但玩游戏不仅于此。硬件的费用、软件的费用、有的游戏需要的服务费、家里提供的网络、手机所使用的流量费用，这些本就不该是天上掉下的馅饼，支付这些费用不是家长养育孩子时的义务。

如果管理得不到被管理者的配合，那被管理者就应该承担相应的代价。当一个孩子完全不能好好与家长讨论该怎么更合理地玩游戏时，他就没有资格得到在玩游戏这件事上的任何支持，不管是硬件设备的使用还是金钱，甚至家里的网络。

在管理孩子玩游戏之前，我们需要先让孩子真正明白管理的意义是什么，以及所有的得到都应该有相应的付出。

"我家孩子就是对除了游戏之外的任何事情都提不起兴趣，怎么办？"

一个非常喜欢玩电子游戏的孩子，可能并不太理解你对他说"合理玩游戏"时到底是什么意思。因为在他看来，不加限制地玩下去其实也挺合理的。他并不清楚在玩游戏上的不节制可能意味着怎样的代价，以及为什么会有风险。

所以我们在讨论中的重心，不该是负面导向的、指向未来的话语，比如中国家长经典的"你现在只顾玩游戏，以后能混成什么样"。这话有极强的功利导向，因为好像只有那些明显能让你在未来混得更好的事才是你现在该做的。

我们应该改用更加积极导向的、指向当下的话语："如果把玩游戏换成别的活动，可能也会非常有趣啊！""虽然玩游戏很有趣，但还有些事情我相信你也一定不愿意错过！""我们每天都有安排专门的玩游戏时间，不过除此之外，你愿不愿意聊聊你的其他规划？如果一直顺利进行下去的话，我就不用总来打扰你了！"

这些话是不是听上去更难拒绝一些？

这里的别的活动，也不一定非得是学习，它可能是运动、乐器、手工、阅读、写作，甚至也可以是专门的发呆和睡觉时间。

我们倘若带着"除了学习之外，做其他事都是错的"这样的观点与孩子交流，怕是聊不上两句就要吵起来，但如果换成"虽然游戏很有趣，但还有很多其他值得尝试的东西"，情况就会好很多。

第 8 章

替他管理还是帮他管理

为什么管理会失败

从负面形象到"C 位"主角

虽然包括你我在内,今天的很多人都是电子游戏玩家,但你在社交或者交新朋友的时候,会主动披露这个身份吗?

我想对于很多我这个年龄段的成年人来说,出于保险的考虑,在社交场合中并不会主动地告诉别人自己玩游戏,比起那些"正当喜好",电子游戏不太容易成为交往中的首选谈资。在成年人的交流中,"有空一起打球啊"似乎要比"有空一起玩游戏啊"有更好的适应性,虽然实际上打球的人不一定比玩游戏的人多,人们对打球也不一定比对玩游戏更上心。

为什么会这样呢? 在成年人的世界里,有的人秀手表,有的人秀名包,有的人秀学历，有的人秀才艺，甚至有的人会自豪地说"我麻将打得还行"，但很少有人会秀自己玩游戏这件事。仔细一想，有点奇怪，不是吗？

我想，这并不是因为游戏本身是原罪，或者游戏玩家这个群体平均素质太差，而是因为当下处于一个比较尴尬的阶段：在一些场合，说自己玩电子游戏很容易引发对方的负面刻板印象。这些"场合"的出现很大程度上取决于投入者的年龄和成长经历，与游戏的好坏并无关系。

在《头号玩家》《全职高手》和《亲爱的，热爱的》这些电影、电视剧出现之前，电子游戏玩家在影视作品中往往呈现出一种非常负面的形象："书呆子"气息严重，不善社交，说话结巴，个人卫生习惯差、总有着这样那样的怪癖。甚至在《生活大爆炸》这样的由几位科学"极客"撑起主要情节的美式喜剧中，电子游戏在大多数情况下也并不是几位男主角的"加分项"，而更多是为了凸显他们的一些负面属性。

随着 90 后与 00 后逐渐长大，嗅觉灵敏的传媒产业已经偷偷"见风使舵"，完成了游戏玩家的"人设"转型，抛弃了过去对电子游戏的刻板印象，为了让电视剧的点击量更高、受众更受用，开始大量、积极表现"游戏玩家"各种美好的可能性。

放在以前的影视作品中，电子游戏玩家长得帅？学习好？名利双收？和女一号修成正果？当主角？不可能的！可时代在变，这一代年轻人和上一代年轻人的文化基因截然不同，要想让产品有传播度，就要贴合当下年轻人的真实态度，抛弃之前对于电子游戏的刻板印象。

抛弃对电子游戏的刻板印象

作为家长，我们其实也需要这样一个"抛弃刻板印象"的标准动作。

原因无他，不管怎样，在管理之前都应该对管理对象放下偏见。

有一个研究要求成年人对几种人进行评估，分别是"你自己""普通人""医生""电子游戏玩家"和"精神病人"。参与实验的人在主观上将"电子游戏玩家"置于"普通人"和"你自己"之下，只比"精神病人"好一点，"电子游戏玩家"和"普通人"之间的差距，甚至大过了他们和"精神病人"之间的差距。

这些差距并不能得到客观现实的证实，但在很多成年人的内心中，玩游戏的人的确低人一等。在不少成年人的观念之中，对游戏玩家存在着很明显的刻板印象——他们本就是普通人，也完全可能是我们自己，但就因为把这个身份剥离出来，很多偏见产生了。

比如，很多成年人认为游戏玩家不懂规则，或者不守规矩，但这其实非常荒谬，因为实际上游戏的本质就是规则的集合体，如果不尊重规则，那根本就没法真正享受游戏。

试想，类似这样的刻板印象会如何作用于家长和教师对于玩游戏的孩子的管理呢？

这些孩子会遭遇莫名其妙的打压，因为不管真相如何，他们已经被成年人认为比起"普通人"更加接近"精神病人"。他们只要玩游戏，就一定会固执，一定会反抗，一定会偏激，一定会不思悔改，一定会带来各种各样的麻烦。

这还会让自上而下的管理带有更强的压制性。因为玩家本身"有问题"，甚至在管理者眼中缺少基本的自知和自控，所以就该接受高度约束的被动管理，进入类似警察管犯人的暴力镇压模式。

除此之外，只要在管理过程中稍有摩擦，管理者还会被刻板印象带进一种自证的状态："你看！他果然有问题！都是游戏害的！"实际上，这些摩擦的发生完全有可能是正常的，与其他的管理矛盾没有区别。但这些自证的想法会让管理者不愿意探究矛盾背后的真实原因和更好的解决方案，而只会一味地收紧管理的锁链，盯得更紧，吼得更凶，管得更严。

总之，很多家长带着偏见管理孩子玩游戏，就像一个种族歧视的殖民者，打心眼里觉得辖下的原住民"生来低贱"；就像一个高傲的救助者，竟觉得帮助的对象之所以会痛苦，全是"自作自受"。

在这样的情况下，做和平有效的管理是不可能的。

其结果就如你我所见，在大量的家庭中，要么家长的威压成功，孩子就范；要么孩子奋力反抗，两败俱伤；要么孩子学会了各种虚与委蛇、阳奉阴违的花招，让家长的戒心升级，对抗进一步升温。

跳出"信任陷阱"

家长带着偏见管理孩子玩游戏，就非常容易陷入管理中的"信任陷阱"。

你管他，是因为你觉得他能做到，不然你管他的意义和价值何在呢？但是在内心的刻板印象中，你又对他所属的玩家群体充满偏见，不信任这个孩子，认为他根本做不到。这就非常容易给孩子错误和混乱的信号，也容易让管理手段趋于暴力化，逼得孩子不得不与这种管理体系抗衡。

问题在于，公司能开除员工，团队能踢走"害群之马"，但是家庭不能开除孩子，把他们一脚踢开。所以，除了信任他们，我们似乎也没什么好的选择。

"用人不疑，疑人不用"的管理律条在这里仍然适用。放下成见，是很多家长在管理孩子玩游戏前要做的第一步。

然而，也有很多家长对我说，他的孩子不值得他信任。每当他表现出了信任，孩子就会反过来利用他，要么故意延长玩游戏的时间，要么偷偷拿零花钱去买游戏，要么假装借手机查资料，实际上却在玩游戏，简直防不胜防，让人实在是信任不起来。每次的信任似乎都会换来更大的管理难题，逼得家长不得不带着更大的成见重回战场。

我是这样认为的：信任你的管理对象，并不意味着就不需要管理了。信任不意味着放养，给他自由不等于告诉他不用自律。

不信任是这样的："你玩 20 分钟，到时间我就告诉你，不管怎样你都要停下。如果不停，咱们就来碰一碰，看看谁更硬。"

大撒把式放养是这样的："爸爸妈妈完全'信任'你，你一定能管住自己，玩去吧。"结果发现孩子完全没管住自己，爸爸妈妈不得不把管理重新调回之前硬碰硬的模式。

其实这不叫信任，这更接近"甩手不管，爱咋咋地"，然后再以"救世主"的姿态扭过身来收拾烂摊子。在这样的情况下，孩子突然面对巨大的行为选择空间，其实并没有什么自我管理的概念，他们并不知道怎么管理、管理到什么地步才算合适，也不知道采用什么手段才能更好地提升自己的管理水平，更不知道有什么工具和技巧可供使用。

突如其来地给予孩子这么大的自由度，虽说也算一种信任，但是对于问题解决的预想，实在是过度浪漫了。

这有点类似于让不懂外语的你走进一家富丽堂皇的西餐厅，面对一脸笑容的侍者，看着好似天书的菜单点菜一样。你不知道主菜部分哪个词是鲈鱼、哪个词是羊排，更不知道选配哪款酒适合海鲜，选哪款适合烤制的红肉，甜点的选择也很让人头疼，因为你可能是一个阳刚气十足的男性，不想选一款女性气息太重的粉红色甜品，那会让自己看上去有点奇怪。在你内心纠结的同时，一旁的侍者还在耐心地微笑等待，情急之下，很多人的做法可能是在菜单上胡点一气，对侍者说"这个，这个，还有这个"，至于是否正确，那就看老天的安排了——这个时候，如果侍者拿着菜单离开你这桌时，还意味深长地对你笑了笑，那你恐怕大概率把菜点砸了。

对于孩子玩游戏这件事也是同样的道理，信任他们，并不是要把他们放在一个不知所措的环境里。他们知道玩游戏，就像你在再富丽堂皇的西餐厅里也知道要"吃"一样，但他们不知道对玩游戏需要怎样做时间规划、精力管理，才能不影响睡眠和学习，就像你不知道哪只手拿刀、哪只手拿叉、面前大小不同的几个杯子分别该装什么酒、这些酒该分别佐着什么喝一样。他们也会慌乱，不知所措，胡来一气，并且只做自己唯一会做的那件事——玩。

让"管理咨询公司"来帮忙

给予真正的信任，不仅是提供空间，认可能力，还有一个更重要的点，就是家长把自己塑造成工具、顾问、导游、被效法的对象。比起管理者来，家长和孩子的地位应该更平等，但同时，家长还是会给孩子一些中肯有用的建议。

家长对孩子扮演的角色应该是这样的态度："我想你能搞定玩游戏这件事，有什么需要我帮忙的，随时告诉我，如果有什么难处，也可以跟我讲。我之前有段时间特别爱打台球，那个时候我有个很有用的小方法来管住自己别玩得太过，如果你愿意的话，我可以跟你讲讲。"

当然，孩子可能一开始不愿意听你这些有点像说教的建议，但当他们"撞了南墙"，发现自控和自我管理会出问题，也有代价的时候，自然就会找你，而这个时候，是你再次提供信任与解决方案的机会。

千万不要像很多家长那样，在这个时候暴露出和之前截然相反的信息："早跟你说你不听！你看，现在搞不定了吧，出问题了吧！我看还是得我来管你！"——注意，这就回归到了不信任的状态。

信任的状态，是家长当一个顾问，而不是当老师或者当老板。我们不仅要信任孩子有解决问题的能力，同时也要信任孩子有分辨有价值的信息、吸纳我们经验的能力。

在玩游戏这件事上，孩子是玩游戏的专家，家长是自我管理的专家。我们不能把自己的管理经验硬灌给孩子，但我们起码可以把它陈列出来，变成一种"自助式管理"。

总之，对孩子游戏管理的起点，是抛弃旧有的刻板印象，从信任孩子开始。不信任引发的结果，是家长替孩子管理游戏；放纵孩子的结果，是游戏完全得不到管理。而我们追求的结果应该是这样的：孩子能靠自己管好游戏，而我们作为成年人，只有给他提供帮助的功能。

我们要扮演的角色之于孩子，有点类似于管理咨询公司之于企业，只不过企业需要的是好好经营，而孩子需要的是好好学习、好好游戏、好好成长。企业找到管理咨询公司，并不是要让后者来替他们管理公司，而是要借助于后者的经验、数据、工具，更好地定位问题，找到方法，靠自己管好公司。

好的管理咨询公司会怎么做呢？他们信任客户，觉得客户有能力把自己提供的帮助转化成实际效果；他们不替客户做决策，但是会给客户提供各种智力支持；他们会即时跟进客户的发展和改变，该提醒就提醒，该指导就指导，该警告就警告。除此之外，他们对自己的角色定位清晰，从不逾矩，即使客户有这样那样的麻烦与制约，也一直警觉地以解决问题作为核心要义，所以从不对客户这样说："有你这样的客户，真是我倒了霉！""你看看别的客户，再看看你！"或者"我对你说了八百遍了，你怎么就是不听呢！"要知道，很多家长是做不到这一点的，他们总说类似的话。

的确，很多家长在管理孩子玩游戏的过程中，情绪往往来得直接、猛烈，不吐不快，话语中情感宣泄的成分超过了技术支持的成分。可作为成年人，你要比孩子更清晰地知道：情绪表达不能代替理性思考。

成为"管理咨询公司"，需要了解一些"行业信息"，这些信息我们已经在本书前面的章节中介绍过了。下面，我们面对的问题是：我们到底在什么时候、哪些方面可以给孩子当顾问呢？

出手管理

两条原则

在管理孩子玩游戏这件事上，有两个比较重要的出手原则。

第一，从一开始就要给管理足够的优先级。一开始不管，之后发现难管了，结果管不了，这是很多家庭对孩子进行游戏管理时的真实写照。

所以如果你的孩子年龄尚幼，而且你也打算开展"亲子共游"，那你一定要做的一件事就是与玩游戏同步进行的游戏管理。

我知道，在中国，养孩子的过程中，有很多的"预先管理"。比如为了让孩子应对两三年后上学的挑战，就要功利地早早做准备，提前识字背书；比如在孩子还没产生兴趣之前，就为了"培养兴趣"而参加高压培训班；比如在孩子还没有同伴社交概念的时候，就为了让孩子学会"分享"而去参加各种亲子班。

我很反对类似的超前教育，把好端端的教育弄成了一条标准赛道上的"军备竞赛"，这是不可取的。

玩游戏这件事不需要什么提前的教育和前置的管理，它是件随兴所至的事情，前置动作太多并不是好事。你不用让孩子在玩游戏之前先接受训练和规训，这么做委实没什么意义。

尽管预先管理这么流行，可在大多数家庭中，与玩游戏相关的管理是"善后管理"和"被动管理"。

对很多家庭来说，孩子一开始玩游戏往往不一定能得到控制。也许是过年期间的一次家庭聚会上，大人们忙着聊天，不知不觉孩子跟着堂哥玩了很久；也许是某晚他借宿发小家里，偏偏这位发小的父母并不介意孩子玩游戏，所以他和发小玩了个昏天黑地；也许是有一天爸妈都很忙，只能用游戏来填充孩子闲暇的时间，自然也就在相当长时间里没有人来管理他玩游戏。

一开始，玩游戏并没有带来什么肉眼可见的代价，但如果一直不干预，那你很快就会发现情况渐渐失控，火车开始脱轨。父母往往在此时开始被动地管理，孩子先"失控"，父母才去"应战"。这个时候，孩子往往会产生"之前玩两个小时都没人管我，为什么现在突然不可以了"的疑问，反抗和泪水也接踵而至，家长的情绪也可能会失控，管理自然也就趋向于暴力化。

所以在我看来，管理孩子玩游戏首选的契机，早也不行，晚也不对：它应该发生在每一次玩游戏时，这样才能逐渐把管理要求变成习惯。

在我大儿子第一次玩游戏之前，我并没有对他说过任何关于游戏管理的事情，但是在他第一次玩游戏的时候，我们就约定了要玩多长时间。

当然，这个时间长短可以酌情变动，但如果你不一开始就设定一个时间的话，你怎么知道未来该延长还是该缩短呢？况且，如果你不在一开始就设定时间上的管理，那在未来有需要的时候，又凭什么说服孩子突然限制游戏时间呢？

所以，我们可以让孩子与游戏的第一次接触在契机上随意，但不可以在管理上随意。

对于孩子还没有开始玩游戏的家长来说，上面这条原则很重要。对于孩子已经开始玩游戏，甚至玩得不少的家长来说，下面这条原则更有参考意义。

第二，在处理孩子因游戏而生的各种问题时，有一个基本的参考标准——游戏不应该对其他生活元素产生影响。

不少孩子在与我单独交流的时候，当被问道"为什么爸妈会管你玩游戏"时，他们给我的回答都是这句话："因为他们就见不得我高兴。"仔细一想，这其实很可怕，因为父母按理说是天底下最盼着孩子高兴的人，但是他们的很多行为，从孩子的视角去解读，却得出了这么一个结论。

孩子玩游戏的时候，我们打断他的原因有很多，可能是要保护眼睛、早点上床睡觉、还有没完成的作业要赶、明天还有正事要做，甚至就是因为他玩游戏的声音太吵，或者占用了客厅里的电视机。

不管具体的原因是哪一个，对孩子来说最直观的体验，就是自己正开开心心地玩着，却因为家长的介入被打断了，所以也难怪会得出上面的结论："他们就是见不得我高兴。"因为对孩子来说，我们的出现最主要的功能和带给他的第一感觉，就是当下的快乐时光要结束了。

所以，当你嘶吼着"都几点了，还在玩游戏，还睡不睡觉了"时，孩子的第一反应是"玩不成了"，而不是"真的好晚了，不该玩了"。自然而然，他会反驳你，或者假意就范，实际上第二天晚上还会玩到很晚。

作为家长，我们当然知道此时此刻玩游戏玩得太久会带来什么潜在的问题，但是孩子不一定能够意识到。就算我们带着"游戏不该干扰其他生活元素"的原则去管理，孩子也不一定能够理解这一点。

好在，总有比说教更有效的管理手段。

玩多久才算久

孩子玩游戏最首要的负面影响，就是因为玩得太久、太投入，玩游戏挤占了其他日常行为的时间——学习、睡眠、运动等都在其中。

玩游戏的时间太久，也是家长发火最主要的原因之一，他们冲孩子喊："你都玩了多久了！"可孩子内心的真实感受却是："我觉得自己没玩多久啊，我觉得还可以再玩一会儿。"

我们之前提到过，游戏非常容易激活玩家的心流体验，而其表现之一，就是让当事人产生时间飞逝的感觉，所以也许你"度日如年"地看孩子玩游戏，他本人却真的觉得玩游戏的时间实在是转瞬即逝。

对于什么年龄段的孩子该接触电子产品多长时间这个问题，并没有什么固定或标准的答案。美国儿科医学会提供的参考时间是建立在不影响孩子视力的基础上的；一些心理专家提供的参考时间则是来自一些对心理健康程度和电子游戏时长之间相关性的研究；还有一些教育专家提供的参考时间则很可能来自于自身日常经验的总结。这些数据很有价值，但都不能照搬——最适合你家孩子的游戏时长，需要在不伤害他身体的前提下，由你和他一起去寻找。

既然是一起寻找，那就需要协作。可很多家长掌握了时间管控的霸权，而没有做到在时间管理上的沟通，所以我们接下来好好谈谈，如何对孩子做好电子游戏的时间管理。

对于家长来说，首先需要调整自己对孩子玩游戏的具体期待。很多家长认为，"玩得越少越好"。但这种观点是错误的，如果从这个视角出发，家长与孩子根本就没法好好沟通。

不妨想象一下一个抠门的老板。他对你说了这样一段话："老赵啊，我希望你拿的工资越少越好，当然啦，活你还是都得干！如果你一毛钱都不拿，我就太开心了。不过我知道，你肯定还是要拿工资的，可咱们从现在开始越拿越少，一步步来，好不好啊？"

面对这样的期待，你会做何反应呢？如果你非常配合地满口答应，那你的老板要有多大的人格魅力啊。

我们对孩子玩游戏的时间管理，并不是让他玩得越少越好，甚至尽量不玩，而是要让他找到在生活中安排各种要素的节奏感。拿起游戏就放不下、整晚在被窝里玩手机游戏当然不可取，但我认为如果一个孩子早上五点半起床就开始学习，一边背单词一边吃早饭、午饭和晚饭，一直到深夜一点睡觉前，所有的时间都被学习填满，那么他的生活习惯恐怕也不算健康吧？

所以，让我们先来统一一下思想：我们对孩子做游戏方面的时间管理，是为了让孩子找到自己生活的节奏感，把自己的生活从方方面面安排得井然有序，并且有一定的弹性空间，而不是让他最好彻底不玩，把所有时间都用来学习。

谁的时间谁管理

我不知道你有没有买过理财产品，很多理财产品是一种典型的"托付管理"，比如我妈买的不少号称"保本"的低风险投资组合。之所以能做"托付管理"，是因为你能够把钱交给银行这样的理财机构，等过了半年或一年再连本带息取回来，当年存的钱和今天取的钱，不管是多了还是少了，都是钱。

然而，孩子的时间是不能交给家长做"托付管理"的。孩子的时间不能专门抽取出来，存到家长那里，等哪天心情不错再向家长要回来。时间的本质属性使然，你永远不能真正地替孩子管理他的时间，因为他的时间从来都不可能属于你，哪怕暂存都不行。

管理的是谁的时间，就该由谁来做时间管理——这件没办法改变的事，很多家长却爱假装不知道。很多家长一门心思地卷入孩子的时间管理中，却不知道任你多么努力，都不可能真正掌控实权，因为孩子的时间只能属于他自己。家长在这件事上，充其量只能提供建议，而无法真正参与决策。

你能做的，是参与到全家人"电子产品使用管理"的大浪潮中，而孩子玩游戏，也只是其中的一环罢了。作为家人，大家可以提供建议，彼此守望，但在根本上只能各自执行。

道理虽如此，但并不意味着你什么都不需要做。

搭台唱戏

我们可以把这件事理解成类似"搭台唱戏"的关系，我们搭台，孩子唱戏。他具体唱什么、怎么唱，我们决定不了，但是如何将这个台子搭建得更能使孩子按照我们的期待去唱戏，还是有文章可做的。

要搭好这个台子，我有这样几个建议。

第一，停止碎片化游戏是做游戏时间管理的重要前提。 零散的游戏时间很难统计和管理，就像给你一堆零食，使你即便在吃正餐的时候吃不下，也照样长胖，还可能营养不良，游戏也是同样的道理，所以需要专门留时间来玩。这乍一看有点反直觉：我们是在管理孩子玩游戏的时间，却还要专门给他留大块时间来玩游戏？

还真是如此。现在很多智能手机都有亮屏时间统计功能，我建议你也不妨打开，看看自己每天大概会使用多长时间手机。在打开这个功能之前，我建议你先预估一下自己每天用手机的时长，等你用几天，可以看到每天平均使用时长后，再来对比一下自己预估的情况和真实情况之间的差距。

不出意外的话，你会发现你大大低估了你每天用手机的时间。之所以会这样，是因为手机往往是碎片化使用的，使用时间很难理性评估与统计，容易让我们产生"其实我用得并不久"的错觉。

孩子玩游戏也是一样的。如果每次玩游戏都是在碎片化时间里"水过地皮湿"地玩上一小会儿，就会既玩不尽兴，没有过瘾，又不觉得有什么代价和损害，同时也不会激起家长的警觉。但聚沙成塔，其实玩得并不少，而且玩得也并不爽，更重要的是，这也给一系列的管理跟进增加了难度。

如果孩子先在爸爸的手机上玩游戏，等爸爸要用手机的时候，就歇一会儿，又转过头去拿起妈妈的手机。等妈妈的手机也被要走后，再去打爷爷奶奶那台平板电脑的主意。他在各个设备、各段碎片化时间里轮流玩游戏，那么问题就很明显了：碎片化的时间、不确定的游戏平台，让他每次都玩不尽兴，却又花费了超过自己知觉的海量时间，这时家长即使要管理，也难有合适的切入点。

与其这样，还不如每天专门安排一到两次的长时间游戏时光，在相对确定的时间点，并且一定要确定玩游戏的设备。在我家，周一到周五，孩子每天有二三十分钟专门的亲子共游时间，周末每天有两次，每次也是二三十分钟。至于玩游戏的设备，也只有电脑和连接在电视上的游戏机，不管是手机还是平板上都没有电子游戏。

家长只有真正把玩游戏看作一件需要拿一整块时间来做的事情，才有可能说服孩子踏踏实实地来管理。如果对什么时间玩、玩什么、怎么玩、玩多久这些问题的回答零散而混乱，管理就无从谈起。

第二，需要结合孩子的年龄来做游戏时间管理。比如，比较低龄的孩子往往没有非常好的时间长度概念，而只有时间顺序概念，他们能够理解"干完这个再干那个"，但是理解不了"这个干多久，那个干多久"。对于稍微大一点的孩子，我们才能进一步地做更深层次的游戏时间管理。

这个问题在我家一开始就被摆上了台面——那时候我家大儿子还小，我们做时间管理的对象不是玩游戏，而是看动画片。

我大儿子有一个让我不少朋友都羡慕的能力：看电视时到了约定时间，自己主动关电视。从他第一次看电视开始，我们就商量好了单次最长时间：20分钟。每次看电视前，我们都会问他："儿子，看多长时间啊？""20分钟！"他这么回答，倒不是因为他能理解20分钟有多久，而是因为他并不知道还有别的可选项。每次看电视"只看20分钟"已经在他心里形成了相当强的认知惯性，所以我们已经培养了孩子相当好的看电视习惯。

我家有一个声控计时器，动画片一开始，我就让计时器上一个20分钟的闹铃。这个闹铃有很重要的功能：它让家长不用站出来给孩子提负面要求。20分钟后闹铃一响，是计时器提醒儿子关电视，而不是我们。所以我会远远地喊："儿子，计时器让你关电视了，提醒你了啊。"

有时剧情正在关键时刻，我们会允许他多看一会儿，但不会关掉吵闹的闹铃。计时器会无休无止地一直提醒：该关电视了。当儿子主动地把电视关掉时，我也会声控计时器把闹铃停下。

这个计时器其实很好地扮演了一个仲裁员的角色，因为是计时器而不是家长让孩子停下，所以它能帮助我们避免和孩子在"到时间就停"这件事上唱对台戏，成为争执不下的矛盾双方。

同样的道理，其实也可以应用在孩子的游戏时间管理上。

第三，结合游戏的形式来人性化地管理。比如，像《英雄联盟》这样的游戏是以"局"为单位的，如果硬性地用玩 20 分钟来要求，孩子面对游戏被打断的情况，当然会生气。对于赛车游戏可以论圈数；对于球类游戏可以论场数；而对于《魔兽世界》这样的网络游戏，还要考虑孩子是在打副本还是在做普通任务，才好做进一步管理。这方面的具体手段，你可以参考本书第 6 章的内容。

第四，我们不妨和孩子聊聊，他玩游戏到底是为了什么，再据此来规定时间。很多家长并不认可游戏的功能性，觉得只要孩子玩游戏就是浪费时间，所以从不与孩子谈论"玩游戏是为了得到什么"的话题。

但我们如果想让孩子自己主动来管理游戏时间，就要先帮助他厘清自己到底希望通过玩游戏得到什么。毕竟有了清晰的目标，才能做管理上的规划。

如果孩子在游戏中有需要每天完成的固定任务，我们就把时长设置到足够他完成每日任务；如果孩子是想和同学在晚上一起玩，我们也可以安排时间来让他能够玩得尽兴，又不至于耽误时间；如果孩子学习压力大，想用游戏来纾解情绪，我们就安排一段足够让他从学习压力中缓解的游戏时间；如果孩子想在游戏中和爸爸度过亲子时光，我们就要把自己晚上的相应时间也安排出来。

第五，采用一套能迭代递进的时间管理方法。为什么需要迭代递进呢？千万不要指望孩子的第一次时间管理就会非常成功，每一次管理规划，都只是提供了一个供未来进一步打磨的底子。孩子上学，课程表也会一学期一换，并没有一劳永逸的规划表。在这里，我推荐家庭电子产品使用规划的七个步骤。

- **第一步**：全家人都要做电子产品的时间管理，一起开个会，每个人的需求都要专门拿出来探讨。事实上，在绝大多数家庭中，需要做电子产品管理的不仅仅是孩子，抱着抖音不放的爸爸以及刷淘宝停不下来的妈妈，同样需要管理电子产品的使用。而孩子的游戏管理，需要父母"打铁还需自身硬"。

- **第二步**：如果孩子玩游戏的时间主要是在工作日的晚上，那家里的每个人都把自己晚上要做的事情列出来，能想到多少就列出多少。比如爸爸下班后要洗碗、看书、洗漱、遛狗、用手机玩斗地主；妈妈回家后要做饭、给孩子辅导作业、敷面膜、刷购物网站；孩子回家后要吃饭、做作业、玩游戏、看课外书、洗漱。

- **第三步**：优先级排序。把这些项目的优先级排列一下，说说哪个更重要，为什么重要。你会发现，不管是大人还是孩子，在理智上，其实都知道电子产品不应该排得特别靠前。

- **第四步**：按行为顺序排序。把各个选项按照行为顺序排列。

- **第五步**：标注每个行为的预估时间。像写作业这种事，不太好说到底需要多久，可以给一个相对软性的时间；像玩游戏这种事，可以给"最少20分钟，最多半个小时"的弹性时间。

- **第六步**：全家人互相评议，共同讨论，做第一轮修改。务虚地谈一些潜在的特殊情况，特事特办，比如爸爸回家要用电脑加班、妈妈要过双11、孩子生了病，或者家里有什么需要紧急完成的突发事件。

- **第七步**：公示与执行。一周后，根据执行中具体的困难，全家人再进行进一步的时间规划修改。

当父母对于游戏时间管理的态度摆正，孩子得到帮助，全家更加自觉深入地思考为什么要对游戏进行管理时，再搭配上足够优质的工具，"到底玩多久算时间长"这种问题恐怕就不再重要了。

孩子玩网游，担心他学坏

游戏与关系

有一次，一位妈妈找到我，原因也是孩子玩游戏太过火，但和很多家庭的情况不一样，她对自家14岁的孩子一口一个"宝宝"，爱满得都快溢出来了，但说到他的玩伴，即那些"别人家的孩子"，眼睛里全都是愤怒的火焰。

她觉得自己的孩子是被别人带坏的。她坚持认为自己的儿子既可信又可爱，同时认为平时与他一起玩的那些同学和伙伴的家长都是些不懂怎么管孩子，不懂怎么处理孩子玩游戏问题的人，要么就让孩子随便瞎玩，要么就不约束孩子在游戏里的话语行为。结果呢？这些家长的孩子把她"完美"的儿子拉下了水。毕竟，孩子太难真正做到出淤泥而不染了。

如果现在我给她提供解决建议，恐怕第一条就是让她把这本书读完，再推荐给更多的孩子家长，帮助这些家长共同打造一个圈层，在游戏管理上能观点一致且优质。

不过，当时我给的是另外两句大实话：

第一，你不是太阳，地球不绕着你转。

不管是在游戏中，还是到了社会里，谁也不能完全主宰他人的行为。面对生活，我们也不能因为有挑战、有困难而裹足不前，我们无法在粉饰太平的同时自欺欺人，仿佛这个世界上就没有陷阱和代价一般。每个人的行为都有好有坏，我们在其中辗转腾挪，这才是世界的真实模样。

我们不能保护孩子一辈子。要知道，很多时候害了孩子的，并不一定是这些外在的短暂影响，而恰恰是来自家长的保护欲。

所以我觉得，在孩子进入社会，被现实教训得头破血流之前，在游戏里面练练手，见见世面，也挺好。毕竟在管理到位的情况下，游戏中的代价会更加可控。游戏在这方面是对真实世界的完美模拟，你所处的群体中，总有这样或者那样的人。现实中有骗子，游戏里也有；现实中有花言巧语、口蜜腹剑的小人，游戏里也有；现实中有占便宜占不够的讨厌鬼，游戏里也有；现实中有情商低下、说话不过脑子的"大嘴巴"，游戏中这样的人也不少。

甚至还有更加复杂的人存在：有的人刀子嘴豆腐心，有的人看似吝啬实际上却有大爱，有的人小毛病不少，但是在大是大非的问题上从不站错队。游戏的世界与环境虽然没有现实复杂，但是给人性在各种可能性上的表现还是预留了足够的空间。这些人，不管是在游戏里还是现实中，你早晚都要见，早晚都要接触，早晚都要打交道，早晚都要经历一些纠结的交互。

你不能要求孩子在现实与游戏中接触到的其他孩子都是完美同伴。你不妨倒过来想，如果一个孩子方方面面都好、都完美，他为什么要和你家孩子一起玩呢？

事实上，也并不存在这样一个完美同伴。人都是复杂多样的，让孩子早早意识到这一点并开始练习和人打交道，要比给他营造一个虚假的完美空间来得更有价值。

第二，腿长在自己身上，人总有选择的空间，家长与其把游戏中的社交风险看作绊脚石，不如把它当成磨刀石。

你觉得一个人不行，不和他相处不就完了吗？如果不得不相处，你也总要学会靠自己的力量去解决问题吧？

让我们假设，你的隔壁可能是一位热心的大姐，但你的楼上却可能住着一个动不动就在家组织聚会的年轻人。隔壁大姐总是让你如沐春风，楼上小哥却可能让你睡不着觉，你当然更喜欢大姐，也的确不喜欢小哥，但你要考虑的是：你该怎么办呢？你可以和大姐交好，但是怎么应对楼上的小哥呢？主动沟通、拍门骂街、直接报警，还是买个"震楼神器"，以彼之道还施彼身？

如果你的孩子连在游戏里和他人打交道的能力都不具备，你怎么指望他突然就能拥有这样的技能：在出国后处理好跨文化的室友关系、上班后搞定复杂的职场关系、在恋情中摸清亲密关系里那些复杂的芥蒂？

当然，我不是说游戏是训练这些能力的唯一手段，但起码它可以扮演一个训练场所的角色。我也不是说家长可以完全不管孩子在游戏中碰到的负面社交伙伴，我们还是要确保孩子所面对的挑战在他当下能处理的范围之内，这样才能起到锻炼的效果。

游戏中的关系、真实世界中的关系，以及人处理人际关系的能力和水平，对很多人来说，这三者之间具有显著的关联性。

你要知道，游戏本身是可以给关系赋能的。

游戏在社交功能上并不逊色

很多人误以为爱玩游戏的孩子会越来越孤僻，其实恰恰相反，游戏本身就是一种优质的社交入口。有研究发现，小时候玩过红白机（就是国内风行一时的"小霸王"）的孩子，比那些没玩过的孩子在长大后拥有更强的社会适应性；家里有个游戏机也会显著增进家庭成员之间的交流，还能增加孩子与其他同龄人共同进行的户外活动；甚至在孩子们的群体中，那些玩游戏的孩子也被同龄人评估为"更加合群"。

《魔兽》电影公映以后，我第一时间想到的要约着一起去电影院的人，是我的一个大学同学。

这个人叫林羽立，我们当时都是心理系的学生，他也是我十几年的好友。大学毕业后，他和我一起北漂，过了几年，他被公司派到了美国长期驻扎，隔很长一段时间才能回一趟国。

而他那次回国，恰逢《魔兽》公映。我俩是最适合陪着对方一起看这部电影的人了！因为我们二人在《魔兽世界》生涯的主线上，谁也没离开过谁。我们从1级开始组队，一起打到了满级。无数的地图、副本和战场，都留下过我们两个并肩作战的身影。

因为在游戏里的共同进步、成长、战斗，我们成为无话不谈的好朋友。一直到今天，即使见面的频率已经很低，我们也依然是那种不用打招呼就可以把对方的车开走去用的朋友——相信我，对于成年男人来说，这已经是非常好的感情了。

为什么？

心理学院我们年级的男生有三十多个人。我的学号是001，他的学号是031；我是个山西人，他是个福建人；我是个上大学前都没给自己买过衣服的人，他来报道的时候就有潘玮柏喜欢戴的那种嘻哈项链；我去食堂天天吃面，他在食堂不吃大米饭就浑身难受。

那我们为什么却成为无话不谈的多年好友？

归根结底，是一款好游戏成为我们的交集。这款好游戏里有竞技、配合、情怀，而与你一起分享这个好游戏的人，自然能与你走得近，彼此的信任与好感当然不缺原材料。

后来，我以会长副手的身份帮着打理游戏里的一个公会，他则成了整个服务器知名的"奸商"，专靠"投机倒把"、囤货倾销来赚金币，很有几分商业头脑。相应地，我能帮他搞到一些高端装备和材料，而他自然也能时不时赞助我一些"真金白银"。

在游戏里，我们开始把对方当兄弟，到了游戏外，也就有了自然而然的迁移。

我觉得，如果一个游戏肤浅、幼稚、无趣，那与你一起玩这个游戏的人，除了和你一起吐槽它之外，还有什么可做的呢？你们只能一起吐槽这个烂游戏，然后就分别了。唯有一个质量高又好玩的游戏，我们在触碰和深入它的时候，才能邂逅其他有趣的灵魂，然后和他们打招呼："哇，原来你也在！"

当然，我也知道篮球、科研、学生会都可能成为人与人之间友谊萌芽的交集。这些事情同样会营造圈子，同样丰富多彩，同样让人觉得有收获。

但我想说的是，游戏在社交这个功能上一点都不逊色。依托有深度的好游戏，你可能会发现对方更多的闪光点，和对方一起完成一次奇妙的探险，彼此有牺牲和帮助，而这些无一例外都是友谊的基石。

远方的朋友

我从 2010 年开始在北美服务器（简称"美服"）上玩《英雄联盟》，甚至还拥有美服专门送给公测老玩家的专属角色皮肤。这个游戏给我带来的最大乐趣之一，是让我能有机会高频地使用外语和他人交流。

2012 年，我在游戏中碰到了两个很好的朋友，他俩都是加拿大人，一个是巴西裔的帕尔维兹，另一个是菲律宾裔的达尔文。考虑到工作安排和时差问题，我们三个人每天有两个半小时可以同时在线。

在这两个半小时里，我们要尽量多赢几局。要想赢，就要戴好耳麦，进语音平台里实时沟通。

实话实说，我从小学四年级开始学英语，就数 2012 年那一年进步最快，尤其是口语。如果不是因为游戏，我恐怕很难如此低成本地结识愿意和我打交道的外国友人，更难有机会实打实地和老外如此高密度地使用英语对话。

如今这么多年过去了，我美服的账号已经许久没有登陆了，但大家的友谊还在。帕尔维兹和我一样，已经有了两个孩子，而达尔文则在去年迎娶了一个来自山东青岛的姑娘。

这件事让我深切地体会到"玩家有国籍，游戏无国界"。如果没有互联网和线上游戏，我真的很难想到还有什么东西能把我和我的这两个朋友串起来。

可能有的家长认为，那个时期还是线上社交的"香草时代"，大家都单纯得很，现在让孩子去玩网游，"键盘侠"和"喷子"那么多，虽然也希望能把这看成一种孩子成长的机会，但的确担心这些负面的东西来得太过猛烈，他应对不了，以至于学坏，怎么办呢？

这样的担心不无道理，很多游戏里的社交环境的确非常糟糕，就算是带着"感受过才能学会应对"的态度，也不一定真能搞得定。可如果给孩子一套线上参与社交的方案，他们还是有机会在收获朋友的同时避免伤害的。

好游戏里有好朋友

好游戏里才能交到好朋友，相应地，在烂游戏里碰到"烂人"的概率也不是一般的高。

对线上游戏来说，"玩家素质"是考虑要不要玩时的一个重要的参考指标。有的游戏对玩家社群的运营不力，就造成了"烂人"扎堆的问题。有的游戏门槛高，能在里面玩出名堂的人，通常都不会差到哪里去。

比如有一款知名游戏叫作《星战前夜》，是一款以浩瀚星空与广袤宇宙作为背景的游戏，上手难度极高，光是新手训练的阅读材料，就有差不多12万字。而这个游戏里的资深玩家，很少有那种"没素质"的，因为这样的人早早就被游戏机制"劝退"了。当然，这个游戏里也爆发过在整个网络游戏历史中都有名的巨大冲突：在游戏里，玩家群体之间发生了超大规模、旷日持久的全面战争，涉及的资源、战略、情报细节非常复杂，具体情况堪称传奇，前后因果极为"烧脑"，也从另一个角度证明了这个游戏里真的都是"聪明人"。

如果你不希望孩子在游戏里的社交受到太多他处理不来的负面影响，就不要让他玩本身社群氛围很差的低端游戏。

所以我一直不太支持让孩子玩免费游戏。因为从逻辑上讲，不可能有一款游戏是真正"免费"的。很多时下流行的免费游戏，准入门槛太低，开始玩之后的消费陷阱又太多，所以总存在这样那样的潜在问题。

比如，如果你玩一款真的不花钱的游戏，那你就一定要清楚地意识到，游戏的制作与运营公司又不是慈善机构，在游戏运营方眼里，不花钱的你恐怕就算不上"玩家"，更不是"客户"，而更接近于游戏的"内容"，是其他付费玩家消遣的对象和娱乐的素材。而且只要你不花钱，你就永远无法与这些花了钱的"真玩家"平等社交。

要珍惜羽毛

玩家应该知道，即使是在游戏里，也要懂得珍惜羽毛。

很多人玩游戏时抱着满不在乎的态度：又没人知道我是谁，我骂人也就骂了，"喷"人也就"喷"了，还能怎样？大不了我以前的号不要了，重新再开一个号。

如果带着这样的心态投入线上社交，其实是很难收获一个好的社交圈子的，反而极容易陷入社交孤立的恶性循环。

游戏也能构成社交的网络。你认识了甲，并通过甲认识了乙，还可能因为乙认识丙。等下次你上线时，甲不在，自然而然地，乙和丙就成了你的首选队友。

在日常生活中，我们的社交圈其实非常受约束。比如我家孩子所在的幼儿园里，肯定没有家里特别有钱的同学，也肯定没有家里特别贫困的同学，因为前者看不上这个幼儿园，而后者又往往在上私立幼儿园这件事上有捉襟见肘的现实问题。

但在游戏中不会。你会在游戏里碰到各种各样的人，而且还要和他们好好打交道，不管这个人是你朋友的朋友，还是游戏平台随机分配给你的队友或对手。很多成年人其实都没有认识到，我们每天可能会碰见很多人，但这些人彼此过于相似。而通过游戏，我们则有可能认识更多的、更酷的、更远离我们自己的生活的人，这能让我们更好地了解多彩生活的真正模样可能是什么样的。

如果没有游戏，我可能永远不会认识韦恩，他是我的一个线上战友的战友，一开始偶然一起玩，后来自然而然地成了新战友。

游戏里总会有一些无聊的等待，或者平静的休息时光，而在这些时间里，我知道了韦恩是两个孩子的父亲。那个时候，我家老二还没出生，而来自韦恩这位二孩爸爸的经验和安抚，着实给了我很多帮助。除此之外，他还是个非常热爱运动的父亲，所以会留出固定时间带着老大踢球，陪着老二游泳，这带给长期当宅男的我很大的影响。我因此开始安排和我家大儿子一起参加体育活动，带他到户外去玩，其中很多都是他的主意。

与此同时，他身上还有一点值得我学习：在游戏中，不管战局多紧张，情况多危险，只要孩子有需要，他可以立刻抛下我们去照顾孩子。我深感佩服，也觉得自己在这方面其实做得还不够好。这就是在线上社群中积极培养社交圈子的良好影响。

对高风险场景保持警惕

一定要让孩子认识到，线上游戏中有四种高风险的场景，一定要多加注意，碰到类似情况时一定要提高警惕。

首先是直接或者变相的关系绑架，比如"如果你继续和某某一起玩，我就不和你一起玩了"或者"是兄弟，你就要和我一起怎样"。游戏是游戏，关系是关系，关系好不能成为行为绑架的借口。这样的关系绑架非常容易升级为其他的问题，甚至超越游戏，影响到现实生活。

其次是不平等的交流。我们之前已经说过，玩家与玩家的身份应该是平等的。也许在一些游戏中，存在着职务分配的差异，但是玩家与玩家在个体层面上，依然是平等的，并没有什么高下之分。告诉孩子，如果碰到有人对你颐指气使，或者逼着你低声下气，就要立刻警惕，我们玩游戏不是来找气受的。

再次是线上线下的资源置换。如果有人对孩子提出要花钱买他的某个装备，或者反过来，向你家孩子要钱才给他某个装备，这就涉及线上与线下资源置换的问题了。不过这并不是最严重的，**在一些极端情况下，有的人会要求线下见面，这就会导致人身安全方面的风险。**

最后是线上霸凌问题。因为有的玩家装备好，或者拉帮结派，确实存在游戏中霸凌他人的可能性。不管是当年《魔兽世界》中的"守尸体"（一种"趁你病，要你命"的恶意交流），还是现在一些线上游戏里"付费刷屏"中的辱骂内容，其实都是变相的霸凌。

没有谁面对这种霸凌有"活该挨着"的义务，但很多时候，孩子的愤怒与复仇心态会被激活，自然容易做出冲动的行为，要么大发脾气，要么偷偷刷爸爸的信用卡，也"付费刷屏"骂对方。但是在这样的互动中，只有游戏运营方是"真开心"的。所以碰到线上霸凌要及时止损，打不起也躲得起。

总之，玩线上游戏多数时候是开心快乐的，但依然有必要执行线上社交的"一票否决"制。如果你的孩子有下面的感受，又暂时没有解决方案，其实就可以选择立刻结束当下与对方在游戏中的沟通和交流。

第一，如果孩子玩得不开心，就没有什么玩下去的必要了，毕竟玩游戏的目的是为了高高兴兴，但现在由于和别人的互动感到不舒服了，又何必继续呢？

第二，当别人提了某个要求而孩子感到不愿意时，他其实大可不必有被胁迫的感觉——不愿意就是不愿意，这没有什么错。既然不愿意，那就不必被逼着怎样，对方再有本事也不能顺着网线爬过来威胁你。

第三，如果别人和孩子的交流让孩子感到不平等，进而有了负面情绪，那也可以早早下线。既然让人觉得不被平等对待，一定是因为对方表现得不够友善，和一个不友善的人还有什么相处的必要呢？

总之，人是社交动物，而线上游戏很大程度上依靠游戏和互联网的交融，迎合了人在社交方面的刚需。可话说回来，玩游戏是为了高兴，不只是为了社交，社交只是让我玩得更高兴的一种形式罢了。只要把握住了这个原则，在玩线上游戏时偶尔碰见的那些人际关系问题就不足为虑了。真正珍惜、投入与享受那些让你感觉舒服的关系，才是更重要的。

玩游戏的终极收获，其实不一定是豪华的装备或者全服务器第一的名号，而是要让自己开心起来。如果你玩得不开心，那何必还要折磨自己呢？对我来说，好装备当然会让我开心，但是来自别人的认可和信任更能让我开心。在玩游戏的时候，友善、快乐地和别的玩家打交道，这是游戏给我的最大收获。

管理游戏不等于管理时间

大脑忙不停

就算孩子没在玩游戏，游戏也完全可能占着孩子的大脑。不少家庭都有着类似的经历。

我家大儿子在 5 岁的时候，有一段时间玩《我的世界》非常投入，以至于就算没有在玩也时常提起，要么说自己想搭个怎样的新房子，要么说会怎样更合理地对待晚上才出现的怪物。他爷爷不无担心地问他："你是不是满脑子都在想游戏啊？"他回答爷爷："不是啊，我想的是游戏的方法。"

我觉得这是一个非常巧妙的回答，因为孩子直接地告诉了我们，在他脑海里萦绕的并不是对玩游戏的欲望，而是对玩游戏的思考。他爷爷担心的是前者占据他的心智，而他告诉我们的是他的心智在正常运转，所以才能好好地思考应用于游戏的种种方法。

在他说出这句话之前，我一直都没有意识到这是个问题：大量家长更担心的是，想玩游戏的冲动让孩子的行为不受控，所以才尽量不让孩子去"想游戏"，但孩子想游戏的原因，却可能比单纯的欲望更加复杂。

如果孩子出于种种原因，单纯对游戏本身充满了欲望，就像有烟瘾的人想抽烟一样，就是单纯地想点上那么一根开始嘬，而非琢磨"怎么抽才效率更高、更优雅、更帅"，那我建议你更多地参考第 5 章和第 6 章的内容，从孩子玩游戏的动机上做做文章，尝试从根本上解析并解决这一问题。

当然，即使孩子脑海中的不是欲望，而是对于游戏的思考，对于很多家长来说也是不能接受的。我的看法是可以接受，但家长也应该警惕这种情况过度频繁地发生。毕竟生活中还有很多其他值得我们操心的事情。

怎么处理这个问题呢？

首先，你可以给自己三分钟，试试让自己什么都不想。你会发现这非常困难，你就像一个站在天桥上往下看的人，各种各样的思绪就像车流一样来来去去，奔腾翻涌，在混乱中还有一定的规律。

这些思绪中的车辆，都承载了什么信息呢？可能与职场有关，可能是一段你和伴侣之间的对话，可能是今天的早餐……它可能是任何东西，甚至你都不能主动预测下一个出现的想法里到底有什么元素。

我们的大脑在很多时候并没有对思维进行太多的主动管理，而更像一个不设限、没有门的广场，那些思想的火花、记忆中的情节、具体的情感想来就来，想走就走。

这是大脑运作的一种基本模式，它让你在洗澡的时候灵光一现，想到了项目的解决方案；它让你在开车的时候茅塞顿开，明白了老板给你的暗示；它让你在听歌时思绪纷飞，想到了自己的初恋……

当然，在一些特殊的时间，你的大脑会被某些事情高度占据。

比如恋爱的时候总是会想到恋人，吃盒饭时也会思考"我的那个 TA

现在吃的是什么",大马路上看见某个人,也要琢磨"TA如果背这个包也一定很好看"。

比如我的一些创业者朋友,在创业的初期,总有一个不好的习惯,见到谁都在心里默默想"这个人是不是我的潜在客户"。

比如很多母亲,在她们的生活中,孩子的重要性超越了一切,以至于对自己都可以不好,但一定要对孩子好。那么,"娃本位"的思想自然就时时在她们的脑海中作祟。

这些想法、态度和行为,很多时候是没那么可控的,在很多孩子身上,只不过是其主题变成了游戏罢了。

控制难度大,并不意味着完全不可控,我们起码还可以用这么几个方法,帮助孩子把这种对于游戏的强烈欲望和停不下来的思考控制在一个健康的区间里。

我们最起码应该允许孩子有自我提高的机会。

就像我们不能指望一个人在青春年少时的第一次恋爱中就老成持重,言行举止恰到好处。要知道,绝大多数人在初恋中,都很难把握情感和行为的边界,所以才有不少"在乎"变成了"作",年轻的恋情也就有了酸涩的感觉。

对于孩子玩游戏来说也是同样的道理,总有他第一次碰见"心头好"的时候,而那个时候,喜悦与快乐来得太猛烈,难免会"上头"。当然,对这种"上头",我们作为家长,要警觉、要提醒,甚至要参与管理,但更重要的是,我们要表示理解。因为一旦不理解,冷嘲热讽、反唇相讥或者横加阻挠,那么在这件事上我们就和孩子站到了对立面。

爱情心理学中有一个经典的效应叫作"罗密欧与朱丽叶效应",说白了,就是"棒打鸳鸯"非但难以成功,反而更可能促成这对鸳鸯双宿双飞。即使这对鸳鸯其实一开始也没那么喜欢彼此,也会在外界的反对与阻挠中,给自己层层"加戏",造出"真爱"。

在孩子玩游戏这件事上也是同理,只不过把恋爱中的双方,换成了孩子和游戏罢了。

要明白,我们是帮助孩子管理玩游戏这件事,而不是要和孩子对立,试图战胜他。我们应该时时刻刻明白,孩子是我们必须"统战"的对象,而不是我们试图对立的"阶级"。

我们起码应该理解孩子即使没在玩游戏,也会心心念念想着这些游戏——这只是证明孩子是真的喜欢这款游戏,不算犯错。有待提升的,是自我管理的能力,是在节制上的把控。

对此,我依然认为之前提到的亲子共游可以起到很好的效果。除此之外,还有一些可以使用的方法,比如大脑卡位。

大脑卡位

我们已经知道,大脑很难自主自动地放空。很多孩子之所以总在想游戏,是因为大脑的运转没有被其他事物卡位。为什么我们在洗澡和开车的时候容易有灵感?因为洗澡和开车对于大脑运转的占据水平不高。如果你把大脑想象成一个CPU,不同的想法与行为是占据CPU的线程,那么洗澡这类事对CPU的占用率是比较低的,但大脑这种CPU很奇怪,它闲不下来,总要给自己找点事情做,来提高占用率。所以凯库勒顿悟苯分子环形结构的时候其实在打瞌睡;翁贝托·埃科在《巴黎评论》上说自己在海里游泳时能想出很多东西；也因为同样的原因，你在紧张的篮球比赛中，很难在上篮的时候突然想明白第二天向领导汇报工作时该说哪三个要点。

所以解决方案变得明晰起来——你如果不想让孩子在闲暇的时候一直想着游戏，那你最好安排一些其他的事情让他想。大脑总是要想东西的，这个抽屉不存在空置，你不往里面放东西，它就会自己找东西把自己塞满。很多家长会找我，说孩子在学习的时候走神，想的全是游戏。这种情况下，家长往往会发现这么几种可能性：孩子的学习任务难度太高，比如竞赛级题目，这让孩子无从下手，无法投入；学习任务难度太低，比如一些基本抄写，孩子根本提不起兴趣，也无法投入；学习环境嘈杂多变，孩子无法深入到任务中，只好东想西想；家长在一旁评价和唠叨太多，总是打断孩子，也导致孩子无法专注。

很多家长以为孩子在学习的时候，大脑像一列火车专列，能把学习任务整块运输，从始至终，矢志不渝。可实际上，大脑大多数情况下更像一辆公交车，就这么开着，谁先上来谁有座，隔三分钟停一站，思绪像乘客一样纷杂，上上下下，来来回回，想要尽力保持完成学习任务或者其他任务时的高效，就需要尽量让这些乘客在起点统一上车占座，到了目的地再整整齐齐地下车。

这个工作，就叫作"大脑卡位"。你需要帮助孩子安排高度投入、难度适宜、有建设性成果的活动，来提前抢占大脑资源，这样才能解决孩子"即使没在玩游戏，也在满脑子想游戏"的问题。

当然，在很多家长看来，最理想的情况是孩子满脑子想的都是学习。但是，饭要一口口吃，路要一步步走。行为不应该只在两种极端来回冲击，我们应该允许中间地带的存在。也许孩子不会"痛改前非"般突然从满脑子游戏转到一心做数学题上，但如果让孩子能够有更多的选择，不至于无时无刻不在琢磨游戏，不也是一种成功的开始吗？

从纽约大学石溪分校的社会心理学教授亚特·阿隆的研究结果看，这样的一些行为比较适合拿来做大脑卡位：能激活身体的体育活动，如乒乓球和跆拳道；有合作属性的活动，如合作拼图和一起修自行车；具有竞技要素的活动，如对弈五子棋和篮球比赛；难度适当又有趣味性的活动，如做立体几何题和拼装模型。

我们不能想当然地认为孩子只要没在琢磨游戏，就一定会在思考、学习，事实上，从广义上说，不管孩子想的是什么，其本质都是一种"学习"。对于很多家长来说，至少应该建立起这样的认识：**在你想让孩子的大脑被学习占据之前，你起码先要让孩子的大脑习惯于不被游戏占据。**

除了大脑卡位，向上思考也是一种可行的方法。

向上思考

向上思考所指的并不是要"积极"地思考，或者把事情想得更加阳光，而是指要把思绪整理、划归，有指向地往更有价值的地方集中。当你从更高的视角去思考一个事物时，那么从思想的深度到结论的质量，都会有更深层次的蜕变。

平庸的思考只能创造更多平庸，深度的思考才能挖掘出更多有深度的内容。

对于游戏也是一样。让孩子在想游戏的时候能够想得更加深刻未尝不是一件好事。

也许一个孩子在闲暇时光里,满脑子都是游戏里的场景,或者下次玩时自己要采用什么策略,甚至游戏角色讲出的经典台词,如果这些想法只是不断反刍游戏内容的话,其实没什么思想上的火花可言。但我们需要考虑这样一种管理的可能性:不打断这种思考,反而会给这些思考进一步发展的空间。

如果那些对游戏原本平庸的想法能被激发成好奇心、创造力、探索欲,情况就会好很多。

第一,这会让游戏变成一种教育的契机。

与以往相比,当下这个时代,非常多的游戏已经具备了相当的深度,不少好游戏都值得被奉为难得的艺术品,值得你"细品"。有些家长想让我给他们和孩子推荐一些好游戏,我总会问:"除了游戏,孩子有什么喜欢的吗?"之所以这么问,其实就是为了让游戏不只是"玩玩而已",更能从这些孩子的爱好出发,赋予他们更多思考、成长的素材。

对于一些游戏,我们可以很方便地找到方法去结合它们做更深入的探索。像《文明》(*Civilization*)系列与世界史的结合、《异星工厂》(*Factoria*)与自动化工程的结合、《黑客网络》(*Hacknet*)与编程和网络安全的结合、《纪念碑谷》(*Monument Valley*)与视觉错觉的结合,它们都非常直白,而且有趣。

除了游戏的表现形式,游戏所展现的人文视角和议题,有时候也能拿来做文章。我有一些学生,很爱找我讨论一些游戏中表现的独到技术和深刻命题,比如《生化奇兵:无限》(*Bioshock: Infinite*)中独特的文学叙事手法;《辐射 3》(Fallout 3)中表现出的废土人文,从人类学和社会学的角度看有几分可能性;《底特律:变人》(Detroit: Become Human)中的伦理学思考,或者其中表现出的心理学现象。

在深受中国年轻人喜爱的视频网站 Bilibili(年轻人更喜欢把它叫作 B 站)上,就有一位深受玩家喜爱的视频博主。他是一名历史系的毕业生,上传的视频主要是自己玩历史与战略题材的游戏的录播,并搭配史实考据和专业讲解,把游戏鲜活地变成了历史课堂。

好的游戏往往意味着有很深的挖掘空间,也许就靠某个突发奇想,孩子就能在游戏中找到自己与众不同的核心竞争力。

当然,还有很多游戏,本身就缺乏"向上思考"的素质和空间,比如"偷菜"这样曾经很流行的游戏。当然,它们在放松心情这方面的功能依然值得认可,但指望通过对这些游戏的高度投入换取什么深刻洞见,恐怕很难实现。

所以,如果以这样"向上思考"的形式去琢磨游戏,游戏本身也可以很好地赋能孩子对世界、科学知识以及文化的了解。只不过,这会很考验家长对于游戏的理解能力。

第二,一旦你能从更高的视角俯视某个事物,你往往就更能理性客观地对待它。

比如不少电商平台,都会在每年最后一个月做一波看似力度很大的推销活动,最典型的当属"双 12"。我老婆总会在把一大堆东西加入购物车后,假意来找我商量要不要买以及要买多少——说是商量,其实就是知会而已。

我问我老婆："知道为什么双12要大促吗？"

被购物欲占据了几乎所有脑容量后，我老婆当然回答不了这个问题。

我接着说："因为双11卖出去的东西，该退货的已经退得差不多了，商家碍于年底有现金流、仓储等压力，要抓紧时间再卖出去。"

这句话起到了我完全没有料想到的作用，我老婆在双12花的钱比她原打算花的少了很多，尤其是在衣服和儿童用品上，她说："一想到这些东西可能是别人退的货，我就膈应。"

之所以会这样，就是因为"向上思考"给了你往下看事物的视角，促使你更加理智。

我相信，很多家长在看过这本书后，对于孩子玩游戏这件事，将报以更加理性、客观的态度。之所以会这样，并不是因为孩子玩游戏的机遇和风险与你看这本书之前有所不同，而是因为你对于游戏的态度和观感得到了梳理，面对游戏，你不再平视那些乱糟糟的信息和矛盾，而从一个制高点，通过俯瞰，有了"下一盘大棋"的视角。

对于孩子来说也是一样，让他们不再平视游戏，让他们意识到自己完全有能力俯视游戏、看透游戏、抓住游戏背后的东西，就可以让他们不至于时常被光怪陆离的游戏表象所蒙蔽。

所以我总是会建议一些玩游戏太多的孩子找机会了解一下编程，去和真正的职业玩家接触一下，去了解游戏策划们开会都聊点什么，甚至去了解电子游戏的变迁与发展。我也会建议不少来找我的家长，与其带其实没有心理障碍的孩子求医问药，倒不如让他们真正了解一下游戏是怎么来的、怎么发展的、怎么变成他们喜欢的那个样子的。当他窥见了这里面的知识与套路，变成了一个"局内人"，就不太容易遭受低级的蛊惑了。当你发现你沉醉的东西只是一个更加宏大的图景中的一小片拼图时，你就会比较容易抽身。

下面再介绍一种方法，叫"不插电时光"。这是一条给全家人的建议。

不插电时光

"不插电"原本是个音乐术语，指的是不使用电子乐器来表演音乐，但在我们这里，指的是不使用带屏幕的电子产品。

大多数成年人其实也在面对电子产品使用过量的问题，让他们警示孩子"不要玩太多游戏，也不要动不动就想着游戏"是非常没有说服力的。

英国的一项研究表明，60%的家长担心他们的孩子会在屏幕上花费太多时间，而70%的孩子则认为他们的父母使用了过多的新兴电子产品。

家长管孩子玩游戏？很多时候不过是五十步笑百步而已。

既然我们给孩子专门安排了大块的游戏时间，就应该也安排大块的无电子屏幕的不插电时光。这可以让孩子拥有并适应不玩游戏的时间，知道时间是一种特殊的资源，不同的时间组块本来就该服务于不同的生活元素。

这个道理不少家长都懂，但是鲜有人主动把自己也纳入这种不插电时光中去。很多家长会花费大量的精力去管理孩子，让孩子少接触电子产品，但是当孩子与他们交流，而他们自己在刷微信、逛淘宝的时候，却总是心不在焉地回复孩子的社交需要。

孩子这时候一般有两种反应：一是贴上来和家长一起看，而家长要么默许，要么就像赶苍蝇一样说"去去去"；二是因为挫败感，开始对父母生气，试图打断沉浸在屏幕中的父母。他们这么做的结果，要么是父母反过来对孩子生气，要么是父母无奈地把手机放下，开始被动交流。

我很少见到有父母在这种情况下能主动真诚地向孩子道歉的，虽然这个时候道歉是他们最该做的事情。

你需要让孩子意识到，作为一个大人，你可以很好地处理自己和电子屏幕的关系，或者你在很努力地处理这种关系。只有这样，孩子才能同样把处理与游戏的关系作为一件需要去完成的事情来对待。

我知道这很难，因为你可能要在即时通讯软件上开会，要等着在电商平台上"秒杀"低价的折扣商品，要花十几分钟时间来修图发在社交平台上，甚至可能你自己也在玩游戏。

不存在没有代价的管理，孩子并不是一个放在那里就能自主运转的全自动流水线，作为父母，我们总要做点什么，而且你这样做其实并不算牺牲，因为你也知道这么做是对的，你本人也可以由此获益。

作为一名高度认同电子游戏能给童年赋能的心理学人，我其实并不像很多人想象的那样完全拥抱新技术：我自己是不玩手机游戏的，我的孩子也不玩；因为担心自己停不下来，我不使用任何短视频软件；比起电子阅读器，我更喜欢纸质书；在工作时间，我的手机会用软件彻底锁死；在意识到碎片化时间使用电子产品太多后，我在厕所都随时准备一本纸质书（当然这可能并不利于健康）……

如果你愿意，你总会有办法处理好自己和电子产品的关系。接下来，是我的一些更普适的建议。

第一，规定一个全家人都不接触屏幕的时间，可以是饭后两个小时，也可以是睡前的一个半小时，根据你家的具体情况而定。在这段时间里，你们一家人不一定要完全抛弃电子产品，但你们起码不能全身心地投入在某个屏幕上。在这段时间里，孩子可以更加投入地学习，而你可以尝试回归20世纪90年代的生活习惯，可以选择阅读、运动、聊天，甚至重新拿起你早扔下的某个乐器，如果你怕吵到孩子，也可以尝试绘画或者刺绣。

第二，如果你或者孩子不习惯完全安静、无打扰的环境（有的人的确是这样，所以一定要在咖啡厅才能高效工作），那么可以在家庭中设置一个白噪声环境。不管是固定频率的白噪声，还是海浪、下雨、鸟鸣、木柴燃烧的噼啪声，我们都可以很方便地在专门的 App 中找到。

第三，设置番茄钟。在安排了不插电时间后，孩子很可能会时不时来向你询问时间："还有多久？""几点了？""时间是不是快到了？"虽然这些对答两三秒就能完成，但它意味着孩子要花五分钟甚至更长的时间从专注中抽离并重新投入。为了解决这个问题，我们有必要专门找一个工具——但不是闹钟。闹钟只能在某个特定的时间节点响一次，但我们需要的是给孩子和自己设置一个合理的时间区隔，让孩子保持专注，但不至于缺少休息，达到类似这样的效果：每过35分钟休息5分钟，一共三轮，共计两个小时的不插电时间。这时需要的工具是"番茄钟"，它之所以叫这个名字，是因为来源于一个叫作"番茄工作法"的时间管理工具。你可以靠软件来实现番茄钟的功能，或者直接买一个实体的也可以，一旦设定好之后，它就会在对应的时间节点告知主人什么时候该投入，什么时候该休息。在一些软件里,番茄钟甚至会被加进白噪声功能中。白噪声到时间就停,说明到了休息时间,而一旦白噪声重新响起,就意味着又到了专心时间。在刚开始使用这个方法时,你们全家人可能需要摸索一下到底设置什么规模的时间组块最合适,毕竟对很多孩子来说,专注超过 25 分钟都不太现实,而对于主要以写作为业的人来说,组块低于 40 分钟的番茄钟不能保障有足够的成果输出。除此之外,还要注意的一点是有的人在专注投入方面非常随性,且收放自如,对于他们来说,设置番茄钟完全有可能是画蛇添足。

第四,硬件限制。这是一个家长惯用的老招数了。当年我爸管我玩游戏就用这一手,到今天,虽然形式上有改变,但效果上依然有保证。为了服务于已经协商好的不插电时光,我们可以像上一代家长一样,在硬件上做好管理,但又不能像上一代很多家长一样,光管孩子,却没有管自己。所以,在做出硬件相关的设置时,请不要忘了把自己也纳入管理对象中去。

这方面的具体方法很多,比如在你家的路由器上提前设置好固定的断网时间,比如周一至周五的晚上七点半到九点,路由器会阻隔所有外网连接。还可以给家里的游戏机设置"允许游玩时间"和"允许游玩内容",这样在没有被设置的时间段里,游戏无法运行;要玩某款新游戏时,游戏机也会自动识别游戏中的潜在内容风险,再决定是否运行。

我手机上的番茄钟软件甚至还带有很"刚猛"的管理功能:它有一个游戏化的记分系统,每次长时间的专注,都可以转化成软件里你种下的树木。专注时间越长、越频繁,森林也就越茂盛。当你坚持一两个月后,回头看看自己的"专注森林"还是很有成就感的。但这个软件还有一个设定:一旦你开始专注,树处于生长期间,你就不能离开软件界面,切换到手机上的任何其他功能和屏幕都会让你的树枯死。更可怕的是，这些枯死的树会留在你的树林中，你要是想把它们抹去除掉，还要花费游戏里的金币，而这些金币，只能靠你辛辛苦苦"真正专注"很长时间后才能获得。拿游戏管理游戏，大概就是这样了吧。

我甚至还尝试过这样的方法：把家里的电视和自己的手机完全设置成灰度显示模式，这样，不管在屏幕上显示的图像原本多么绚丽，在我眼里都是一张黑白照片。这个方法出乎意料地有效，视觉给人带来的心理影响是巨大的，而这个方法让很多原本充满诱惑力的视觉刺激"有劲使不出"，变得毫无吸引力。

我一直不赞成在管理孩子使用电子产品时采用过度强硬的他律手段。但如果父母能在自律的层面做得更好，并与孩子达成对"不插电"的一致观点，这时再借用更多的手段来实施管理，那何乐而不为呢？

在管理孩子玩游戏这件事上，"该出手时就出手"是所有家长的必修课。作壁上观，任由事态发展是不可取的；撸起袖子，亲力亲为"拨乱反正"同样也非上策。唯有眼疾手快，看得出什么时候该摆出姿态，并在关键时刻有拿得出手的管理方案，当顾问而非"打手"，才能真正帮助孩子去解决面对电子游戏时碰到的各种问题。

答｜疑｜时｜间

> "我想在家里安排不插电时光，但孩子的一些作业需要用到手机，我该如何做好平衡？"

很多家长对我说，孩子假意要用手机或者平板电脑来完成学习任务，实际上可能查个单词就把游戏打开了。

我们首先应该明白，以电子产品为工具以服务于学习和工作，是当代人的必修课。完全遏制孩子在学习中使用电子产品，不一定是最好的解决方案——有朝一日，他不受外界管控的时候，需要有能力约束自己，好好地把电子产品作为生产力工具而非游戏工具。

当然，这种能力没法一蹴而就，所以我有如下建议。

第一，不插电时光与用电子产品辅助学习并不矛盾。并不是所有的学习任务都要用到电子产品，实际上，用电子产品即时辅助所有的学习任务对于学习效果不一定有好处。我们不妨和孩子聊一聊，在不插电时光中尽量安排不需要用到电子产品的学习任务，如果有需要用到手机或平板电脑的任务，专门在一段时间里集中处理。

第二，我们还可以针对设备上安装的软件做管控。如果孩子要用到手机和平板电脑，那么在这些硬件上不安装游戏，并不是一件很难的事情。如果孩子对于一些复杂功能有要求，我们可以考虑专门给孩子配置一台不运行Windows或者MacOS的电脑，比如ChromeBook笔记本电脑就默认运行ChromeOS，并且大量的硬件都支持安装Linux操作系统，在这些系统下，基本的上网与办公功能都可以满足，安装游戏却并不方便。

"我的孩子会在晚上玩手机游戏，甚至藏在被窝里偷偷玩，非常影响睡眠和第二天的学习状态。"

对于80后或90后来说，很多人都有过在中学期间，躲在被窝里打开手电筒看小说或者漫画的经历，个体间的区别无非是男生更爱看武侠，女生更爱看言情罢了。

对于现在的孩子来说，晚上偷偷摸摸用手机玩游戏或者刷短视频，与他们父母当年的所作所为，其实没有本质区别。

从这个角度看，我们可以更加理解孩子的行为，但这不意味着我们就可以不参与管理。

很多家庭会把允许使用电子产品的时间安排得非常晚，这么做通常是因为在孩子的学习任务完成以后，家长才认为孩子有休息、娱乐的资格。但这其实也带来了巨大的风险。

一方面，在生理上，不管是接触蓝光，还是游戏与视频内容刺激了皮质醇激素的分泌，睡前使用电子产品都会加大入睡难度。这也是为什么你作为成年人，睡前刷手机也会不知不觉过了量。所以我不建议孩子在睡前的一个半小时以任何形式接触电子产品。专门的玩游戏时间应该安排到更合适的时间段去。

另一方面，如果使用电子产品和睡眠中间的间隔太短，前者当然会对后者有很大影响，因为对孩子来说，每天的自由时间只有那么多，玩游戏的时间又被安排得太靠后，所以只能想办法进一步牺牲睡眠时间了。

不仅如此，很多家长本身对于孩子的睡眠也不够重视。在很多家庭的教育理念中，为了给学习让出更多的时间，孩子的时间安排中第一个被牺牲掉的是游戏时间，第二个就是睡眠时间。大量高中生的日程安排，都是很鲜活的"睡眠剥夺人体实验"的例子。所以从某个角度来说，孩子被大人灌输了这样一个观念："睡眠是非常不重要的。"

家长不重视孩子的睡眠，孩子自己当然也不会学着去重视，所以这些本来就缺觉的孩子，会因为玩游戏而进一步丧失睡眠时间。大脑得不到充分的休息，在第二天认知表现和自控能力都会下降，这样就容易把生活节律带进恶性循环之中。

所以，我建议有这一问题的家长，应该和孩子好好谈一谈怎么更好地规划使用电子产品的时间段，同时也应该强化全家人对于"好好睡觉"的重视程度。

致　　谢

感谢我的父母给了我一个比绝大多数同龄人更加宽松的成长环境，可以玩到自己心仪的好游戏，这些美好的游玩时光是我一生的财富。

感谢我的父亲，他在 20 世纪 90 年代带我接触了电脑和游戏，并给我买了一台电脑，我是班上第一个拥有自己的电脑的孩子。二十多年后，他是本书的第一个读者，并做了最初的编辑与审校工作。

感谢我的母亲，她在满足我对电子产品的正当需求上从不吝啬，同时还在该严格管理的时候及时帮我约束自己。

感谢我的妻子苏静，在本书撰写期间，她替我承担了大量的家务工作，替我给了孩子们充分的陪伴，作为心理学者，她也对本书的内容提供了宝贵的建议。

感谢我的大儿子叶平易，你永远是我最想一起玩游戏的玩伴。

感谢所有因为信任而向我求助的家庭，感谢你们的信任，也希望我能够为你们提供切实的帮助。

感谢我的老师与朋友们：王晓冰老师和刘晋锋老师为我提供了很多中肯的建议，也帮我梳理了大量原本不成熟的想法；李子木老师提供的素材和支持，让这本书更加接近中国家庭的真实需要；刘小杰老师与我的交流让我产生了很多新的灵感和思考；华沙老师关于成瘾的解析，给了我茅塞顿开的感受；张蔚老师、王非老师、史秀雄老师和我一样，同时是心理学人和电子游戏玩家，他们为我提供了大量的宝贵建议和素材；特别感谢本书的出版负责人刘利英老师，选择并出版这本书是需要勇气和魄力的。

最后，感谢所有与我一起玩过游戏的人，感恩与你们共处的快乐时光。

写在最后

1854年8月下旬，伦敦爆发了一场严重的霍乱。同年9月的第二周，就已经有500多人死亡。当时的医学界普遍认为，像霍乱、鼠疫这种传染病，都是通过污浊的空气传播的，只要远离这些"瘴气"就不至于被感染。但伦敦的一位内科医生约翰·斯诺认为事情的本质并没有这么简单。

斯诺走访了大量民众，最终推断出了这场霍乱到底从何而来——一切线索都指向伦敦市内的一处水源地，这是一口带有手动泵水装置的水井。他说服了地方官员，移除了这口井上的手动泵，伴随着这个举措，当地的霍乱也逐渐平息了。

斯诺对于这场霍乱的思考与研究，对于公共卫生学和健康地理学有着重大的意义，也被视为流行病学的发端。

在这场瘟疫中，人身上的疾病是显而易见的问题，但是困局的发端，却在一个难以察觉的井底。

而在海量的中国家庭中，孩子玩电子游戏这件事给家长带来的困扰，其实也是同理。因为"玩游戏"直接带来的麻烦和矛盾太凸显，非常多的家长会直接就孩子表面的行为问题与孩子爆发冲突。

的确，当你发现一个非常棘手的毛病时，你的第一反应往往是考虑怎么去治这个病。但我们一定要警醒，很多病有更根本的病因和症结，真正需要我们好好处理的问题，是那口"井"。

对不同的孩子来说，这口"井"并不一样：也许是缺少来自父母的关爱；也许是关爱太多，导致"母慈子败"；也许是没有一个表达自我的空间；也许是校园霸凌逼得孩子要找一个安全空间；也许是他没有良好的自我管理能力。

在玩游戏出问题的背后，肯定有一个比游戏更值得我们处理的问题。只有处理好了这个问题，孩子才不至于沉溺在游戏的世界中，游戏才有可能真正转化为养分，去赋能孩子的成长。

我们的孩子所处的时代，与我们成长的年代大有不同。试图将上一代人的经验和思维彻底套用在下一代人的成长轨迹上，既不现实，也没有益处。那些很多家长看不惯的东西，也许恰恰能在下一代人的生命中开出一朵花来。这朵花从没在你我的生命中出现过，所以我们不可能从一开始就有意识、有目的、有安排地去栽培它。

综艺节目《创造101》捧红了一个叫杨超越的女孩，这个女孩在节目中获得了第三名的好成绩，但她更大的影响力，则是在全中国的新生代人群体中，刮起了一阵"锦鲤"风潮。

2019年3月，在全球最大的软件项目托管平台Github上，她的粉丝群发起了一场无比"硬核"的杨超越编程大赛。这个完全由粉丝群体自行组织的赛事，打着"超越第一，比赛第二"的口号，有模有样地做出了海报、表明了主办方和协办方、安排了比赛流程，甚至出台了活动相关的法律细则。

活动分为四个阶段：第一阶段是提交想法并自由组队；第二阶段是着手进行项目开发；第三阶段是各组拿出作品进行比赛；第四阶段是继续开发并做出实用成品。

一开始，甚至连活动的主办方都认为这是一个小众群体的"自嗨"。但很快，这个竞赛接到了海量的报名申请与组队申请。

这里面有做"杨超越资讯平台"微信小程序的；有做"杨超越版俄罗斯方块"的；有做杨超越动态屏保的；有做"超越云"云计算平台的；有做通过深度学习进行语音转换，让所有人都能像杨超越一样喊出"燃烧我的卡路里"的；最绝的是，甚至有打算用区块链技术来做一个平行于真实世界的"超越村"虚拟世界的。

300个项目中，最终有150个正式参赛，有70个在规定时间里做出了可供评估与试用的产品。

4月19日，总决赛在线直播，全网投票共252 127票，评出了前十名。这前十名的作品里有不少游戏，比如角色扮演类的《超越传说》和益智类的《超越矿工》《保护我方杨超越》。

其中荣获第8名的游戏《超越冲冲冲》尤为值得一提，这是一款跑酷游戏，整个游戏由面向低龄人群的编程工具Scratch编辑完成。其作者团队叫作"大能量小学生"，由来自杭州西子实验学校的四名小学生组成，四位主创人员包括两名程序员和两名美工，场外指导是他们的编程课老师。

要知道，一个成型软件的问世，可并不只有编程这么简单。要在如此紧张的时间安排下做出一款游戏，这几个小学生要做到前期的策划、合理的分工、精准的配合、有序的组织、对外界资源的有效利用、时间的规划、程序的撰写、对游戏漏洞的修正、与比赛主办方的沟通，等等。

在 300 个项目中得到第 8 名，就说明这些孩子在所有上述挑战中，要比另外 292 支队伍做得更好。

什么叫素质教育？我觉得这就是最好的素质教育。

追星、游戏、参加线上活动，这里面随便挑一个出来，放在不少家庭中，都是让家长不屑的事情。但是在这件事里，三件事的结合，似乎让我们在放下成见后，看到了孩子们身上更多的成长可能性。

也许他们现在的作品还很稚嫩，除了游戏之外，也没什么别的更拿得出手的想法和表达自我的手段，但是在做这款游戏、玩这款游戏的过程中，他们依然学到了很多以后即使不在游戏领域也用得上的知识和技能。

作为家长，我们都对孩子的未来充满期待。在这些期待中，有他长得高高壮壮、出席毕业典礼、走进婚姻殿堂，但往往没有这样一个形象——孩子在玩游戏。

我们的那些期待与想象，往往都可以在孩子的成长中找到直接对应的事情，好好吃饭才能高高壮壮，好好学习才能进好学校，好好待人接物才能让你爱的人也爱你。这都没问题，但是这些链接如此强烈，以至于一叶障目，让我们误以为所有不能直接转化为梦想实现的行为都是浪费时间。可事实并不是这样的。

唯有适当休息，而不是拼了命地运动，才能让锻炼转化为肌肉而非运动损伤；唯有合理饮食，而非一个劲儿吃肉，才能营养均衡而不是营养过剩；唯有睡眠充足，而非从早到晚学习，才能让知识真正进入记忆系统，有效内化。

游戏也是同样，它不一定出现在人生的宏大图景中，但它可以服务于这个图景，它可以成为更容易被孩子接纳的训练场所和成长素材。

游戏的作用机制远比看上去复杂，作为纾解情绪的方法，它对人的情绪、情感起到缓冲作用；作为需要用脑的活动，它对人的认知与思考起到锻炼的效果；作为新一代人的社交平台，它还肩负帮孩子呼朋引伴的重要责任；作为能够引发心流的刺激来源，它还会让孩子收获新鲜的思考与创意——只要使用得当。

作为家长，与其采用"闭关锁国"的政策，阻断孩子与电子产品的所有交流，倒不如好好想想究竟如何才能掌握正确的管理方法，塑造一个开明健康的家庭环境，让游戏服务于孩子的成长，让"玩游戏"这件事成为孩子能受用一生的红利。

参考文献

第 1 章

［1］ LENHART A, SMITH A, ANDERSON M, DUGGAN M, PERRIN A. Teens, technology and friendships[R/OL]. (2015-08-06). http://www.pewinternet.org/2015/08/06/teens-technology-and-friendships/

［2］ Entertainment Software Association. Essential facts about the computer and video game industry[R/OL]. (2019-05). https://www.theesa.com/wp-content/uploads/2019/05/2019-Essential-Facts-About-the-Computer-and-Video-Game-Industry.pdf

［3］ 施畅. 恐慌的消逝：从"电子海洛因"到电子竞技 [J]. 文化研究，2018(1): 145-165.

［4］ 何威，曹书乐. 从"电子海洛因"到"中国创造"：《人民日报》游戏报道（1981-2017）的话语变迁 [J]. 国际新闻界，2018, 40(5): 57-81.

［5］ FISCHER C S. America calling: A social history of the telephone to 1940[M]. Berkeley: University of California Press, 1994.

［6］ FANG I. Alphabet to Internet: Mediated communication in our lives[M]. Minneapolis: Rada Press, 2008.

［7］ STURKEN M, THOMAS D, BALL-ROKEACH S. Technological visions: The hopes and fears that shape new technologies[M].

Philadelphia: Temple University Press, 2004.

[8] GAUNTLETT D. Moving experiences: understanding television's influences and effects[M]. London: John Libbey, 1995.

[9] ALTER A. Irresistible: The rise of addictive technology and the business of keeping us hooked[M]. New York: Penguin Press, 2017.

[10] SIGMAN A. Time for a view on screen time[J]. Archives of disease in childhood, 2012, 97(11): 935-942.

[11] LING R. Taken for grantedness: The embedding of mobile communication into society[M]. Boston: MIT Press, 2012.

第 2 章

[1] MARKEY P M, IVORY J D, SLOTTER E B, et al. He does not look like video games made him do it: Racial stereotypes and school shootings[J]. Psychology of Popular Media Culture, 2019.

[2] FERGUSON C J. Do angry birds make for angry children? A meta-analysis of video game influences on children's and adolescents' aggression, mental health, prosocial behavior, and academic performance[J]. Perspectives on psychological science, 2015, 10(5): 646-666.

[3] PRZYBYLSKI A K, WEINSTEIN N. Violent video game engagement is not associated with adolescents' aggressive behaviour: evidence from a registered report[J]. Royal Society open science, 2019, 6(2): 171474.

[4] 邵嵘, 滕召军, 刘衍玲. 暴力视频游戏对个体亲社会性的影响：一项元分析 [J]. 心理科学进展, 2019, 27(3): 453-464.

［5］ MARKEY P M, FERGUSON C J. Moral combat: Why the war on violent video games is wrong[M]. Dallas: BenBella Books, 2017.

［6］ GENTILE D A, ANDERSON C A, YUKAWA S, et al. The effects of prosocial video games on prosocial behaviors: International evidence from correlational, longitudinal, and experimental studies[J]. Personality and Social Psychology Bulletin, 2009, 35(6): 752-763.

［7］ 李梦迪, 牛玉柏, 温广辉. 短时亲社会电子游戏对小学儿童攻击行为的影响 [J]. 应用心理学, 2016, 22(3): 218-226.

第 3 章

［1］ 简·麦戈尼格尔. 游戏改变世界 [M]. 闾佳, 译. 杭州: 浙江人民出版社, 2012.

［2］ BAVELIER D, GREEN C S. Brain Tune-Up from Action Video Game Play[J]. Scientific American, 2016(6).

［3］ PRZYBYLSKI A K, WEINSTEIN N. A large-scale test of the goldilocks hypothesis: quantifying the relations between digital-screen use and the mental well-being of adolescents[J]. Psychological Science, 2017, 28(2): 204-215.

［4］ ROSSER J C, LYNCH P J, CUDDIHY L, et al. The impact of video games on training surgeons in the 21st century[J]. Archives of Surgery, 2007, 142(2): 181-186.

［5］ BAYM N K. Personal connections in the digital age[M]. Cambridge: Polity Press, 2015.

［6］ 米哈里·契克森米哈赖. 创造力: 心流与创新心理学 [M]. 黄珏苹, 译. 杭州: 浙江人民出版社, 2015.

[7] DIKKERS S. Teachercraft: How Teachers Learn to Use Minecraft in their Classrooms[M]. Pittsburgh: ETC Press, 2015.

第 4 章

[1] REEVES B, READ J L. Total engagement: How games and virtual worlds are changing the way people work and businesses compete[M]. Boston: Harvard Business Press, 2009.

[2] 简·麦戈尼格尔. 游戏改变世界 [M]. 闾佳, 译. 杭州：浙江人民出版社, 2012.

[3] SALEN K, TEKINBAS K S, ZIMMERMAN E. Rules of play: Game design fundamentals[M]. Boston: MIT Press, 2004.

第 7 章

[1] NEILL A. Summerhill school[M]. New York: St. Martin's Griffin, 1992.

[2] 乔丹·彼得森. 人生十二法则 [M]. 史秀雄, 译. 杭州：浙江人民出版社, 2019.

[3] STIXRUD W, JOHNSON N. The Self-driven Child: The Science and Sense of Giving Your Kids More Control Over Their Lives[M]. New York: Penguin Press, 2019.

[4] KING D L, POTENZA M N. Not playing around: gaming disorder in the International Classification of Diseases (ICD-11)[J]. Journal of Adolescent Health, 2019, 64(1): 5-7.

[5] LANGLOIS M. Dopey About Dopamine: Video Games, Drugs & Addiction [R/OL]. (2011-11-08). http://gamertherapist.com/blog/2011/11/08/dopey-about-dopamine-video-games-drugsaddiction/

[6] GENTILE D. Pathological video-game use among youth ages 8 to 18: A national study[J]. Psychological science, 2009, 20(5): 594-602.

[7] WEINSTEIN A, LEJOYEUX M. New developments on the neurobiological and pharmaco - genetic mechanisms underlying internet and videogame addiction[J]. The American Journal on Addictions, 2015, 24(2): 117-125.

[8] MARKEY P M, FERGUSON C J. Moral combat: Why the war on violent video games is wrong[M]. Dallas: BenBella Books, 2017.

[9] KALANT H. What neurobiology cannot tell us about addiction[J]. Addiction, 2010, 105(5): 780-789.

第 8 章

[1] SHIMAI S, MASUDA K, KISHIMOTO Y. Influences of TV games on physical and psychological development of Japanese kindergarten children[J]. Perceptual and motor skills, 1990, 70(3): 771-776.

[2] COLWELL J, GRADY C, RHAITI S. Computer games, self - esteem and gratification of needs in adolescents[J]. Journal of Community & Applied Social Psychology, 1995, 5(3): 195-206.

[3] VAN SCHIE E G M, WIEGMAN O. Children and Videogames: Leisure Activities, Aggression, Social Integration, and School Performance [J]. Journal of applied social psychology, 1997, 27(13): 1175-1194.

[4] BINGHAM J. Screen Addict Parents Accused of Hypocrisy by Their Children[R/OL]. (2014-07-22). http://www.telegraph.co.uk/technology/news/10981242/Screen-addict-parents-accused-of-hypocrisy-by-their-children.html.

青春期

《欢迎来到青春期：9~18岁孩子正向教养指南》
作者：[美] 卡尔·皮克哈特 译者：凌春秀

一份专门为从青春期到成年这段艰难旅程绘制的简明地图；从比较积极正面的角度告诉父母这个时期的重要性、关键性和独特性，为父母提供了青春期4个阶段常见问题的有效解决方法

《女孩，你已足够好：如何帮助被"好"标准困住的女孩》
作者：[美] 蕾切尔·西蒙斯 译者：汪幼枫 陈舒

过度的自我苛责正在伤害女孩，她们内心既焦虑又不知所措，永远觉得自己不够好。任何女孩和女孩父母的必读书。让女孩自由活出自己、不被定义

《青少年心理学（原书第10版）》
作者：[美] 劳伦斯·斯坦伯格 译者：梁君英 董策 王宇

本书是研究青少年的心理学名著。在美国有47个州、280多所学校采用该书作为教材，其中包括康奈尔、威斯康星等著名高校。在这本令人信服的教材中，世界闻名的青少年研究专家劳伦斯·斯坦伯格以清晰、易懂的写作风格，展现了对青春期的科学研究

《青春期心理学：青少年的成长、发展和面临的问题（原书第14版）》
作者：[美] 金·盖尔·多金 译者：王晓丽 周晓平

青春期心理学领域经典著作
自1975年出版以来，不断再版、畅销不衰
已成为青春期心理学相关图书的参考标准

《读懂青春期孩子的心》
作者：马志国

资深心理咨询师写给父母的建议
解读青春期孩子真实的心灵
解开父母心中最深的谜

全年龄段

《叛逆不是孩子的错：不打、不骂、不动气的温暖教养术（原书第2版）》

作者：[美] 杰弗里·伯恩斯坦 译者：陶志琼

放弃对孩子的控制，才能获得更多的掌控权；不再强迫孩子听话。孩子才会开始听你的话，樊登读书倾力推荐，十天搞定叛逆孩子

《硅谷超级家长课：教出硅谷三女杰的TRICK教养法》

作者：[美] 埃丝特·沃西基 译者：姜帆

"硅谷教母"埃丝特·沃西基养育了三个卓越的女儿，分别是YouTube的CEO、基因公司创始人和名校教授。她的秘诀就在本书中

《学会自我接纳：帮孩子超越自卑，走向自信》

作者：[美] 艾琳·肯尼迪-穆尔 译者：张海龙 郭霞 张俊林

为什么我们提高孩子自信心的方法往往适得其反？
解决孩子自卑的深层次根源问题，帮助孩子形成真正的自信；
满足孩子在联结、能力和选择三个方面的心理需求；
引导孩子摆脱不健康的自我关注状态，帮助孩子提升自我接纳水平

《去情绪化管教，帮助孩子养成高情商、有教养的大脑！》

作者：[美] 丹尼尔·J.西格尔 等 译者：吴蒙琦

无须和孩子产生冲突，也无须愤怒、哭泣和沮丧！用爱与尊重的方式让孩子守规矩，使孩子朝着成功和幸福的人生方向前进

《爱的管教：将亲子冲突变为合作的7种技巧》

作者：[美] 贝基·A.贝利 译者：温旻

美国亚马逊畅销书。只有家长先学会自律，才能成功指导孩子的行为。自我控制的七种力量和由此而生的七种管教技巧，让父母和孩子共同改变。在过去15年中，成千上万的家庭因这7种力量变得更加亲密和幸福

更多>>>

《儿童教育心理学》 作者：[奥地利] 阿尔弗雷德·阿德勒 译者：杜秀敏
《我不是坏孩子，我只是压力大：帮助孩子学会调节压力、管理情绪》 作者：[加] 斯图尔特·尚卡尔 等 译者：黄镇华
《如何让孩子爱上阅读》 作者：[澳] 梅根·戴利 译者：卫妮